La arquitectura como método
– Fernanda Canales

La primera reunión que tuvimos en la oficina de MMX para hablar sobre los textos de este libro se convirtió de pronto en algo similar a estar en medio de un concurso de arquitectura, como si se estuviera debatiendo la partida de un proyecto urbano o la geometría de una casa. No parecía estar en una cita habitual con editores para definir los lineamientos de unos escritos, sino en una oficina de producción arquitectónica en la que todo se discute en términos de estructura, es decir, hablar sobre la ubicación de los textos en el libro era cuestionar el formato —la mejor forma para abrirlo, de atrás para adelante o por la mitad—, y hablar sobre la extensión de los textos implicó ahondar sobre el papel de la escritura como una herramienta más dentro de la capacidad expresiva de un edificio. La dinámica parecía infinita, pero de alguna manera todos tenían claro que no se trataba de discutir cuestiones filosóficas sino de algo completamente pragmático, como si la conversación fuera un sistema de trabajo capaz de convertir una lluvia de ideas en algo físico. Las discusiones sobre los textos se volvieron parte del proceso que el equipo de MMX emplea para hacer cualquier cosa, desde definir el color de una puerta hasta construir un libro.

A lo largo de las últimas dos décadas, he intentado comprender el trabajo de arquitectos a partir de las relaciones entre sus proyectos, sus palabras y la realidad de las obras construidas. Sabemos que a veces un croquis puede explicar más que un edificio y que las notas de un cuaderno personal proporcionan detalles que no están en las publicaciones. Sabemos también que la arquitectura es lo que ocurre cuando en un espacio determinado se percibe el sol y cuando un cambio de materiales conduce a un recorrido, pero ¿cómo se transmite esto en las páginas de un libro y cómo podemos adentrarnos en el trabajo no de un autor, sino de cuatro mentes, que a la vez se multiplican en muchas manos y especialidades? Teníamos claro que repetir por escrito lo que los planos, maquetas e imágenes ya comunican sería no sólo aburrido, sino un insulto para el lector. Pero, ¿cómo buscar una comprensión más profunda, lejos de la autocomplacencia y acorde con la propia metodología de producción de MMX? La complejidad inherente a su trabajo nos llevó a desarrollar un formato de frases sueltas con la intención de poner palabras a los diagramas y explorar las ideas detrás de los proyectos. El interés se centra en entender el proceso que realizan de manera natural antes de que se consolide en una forma legible. Esto se tradujo en varias entrevistas que aparecen en este volumen como citas intercaladas entre los proyectos y en una serie de textos divididos en nueve temas, que buscan reconstruir sus premisas.

Desde su origen, MMX ha planteado varias formas de entender la profesión. El equipo empezó a trabajar a distancia, pues vivían en países diferentes y provenían de universidades y despachos diversos. Todos colaboraron con Alberto Kalach, aunque nunca coincidieron los cuatro al mismo tiempo. Abrieron su oficina en 2009, cuando Diego e Ignacio regresaron a México tras estudiar y trabajar en Londres y Madrid, respectivamente; mientras Emmanuel vivía en Londres y Jorge trabajaba en México como arquitecto-promotor y constructor. El primer proyecto que realizaron juntos fue para el concurso del Pabellón de México en Shanghái, en el cual resultaron finalistas. El Pabellón sintetiza sus intereses y ejemplifica el trabajo que han hecho desde entonces: manifiesta un deseo por convertir sistemas en formas edificables. Los escritos, por lo tanto, se pensaron como una conversación abierta que interesa no para rememorar el pasado, sino para entender sus metodologías y vislumbrar lo que está por venir.

   – Fernanda Canales

The first meeting we held in MMX's studio to discuss the texts for this book soon became like being in the midst of an architectural competition, as if we were debating the part of an urbanism project or the geometry of a house. Instead of a typical meeting with editors to define certain editorial guidelines, it felt as though we were in an architecture studio where everything is discussed in structural terms; in other words, to discuss the position of the texts in the book was to question the book's actual format, the best way of opening it —from back to front, or even better, in the middle— and talking about the length of the texts involved delving into the role of writing as yet another tool in a building's expressive potential. The process seemed endless, yet somehow everyone was very clear that we were not discussing philosophical issues but something entirely pragmatic, as if the conversation itself were a working system capable of turning a brainstorm into something tangible. The conversations about the texts became part of the process that the MMX team appears to apply in everything they do, whether defining the color of a door or producing a book.

Over the past two decades I have tried to understand the work of architects by exploring the connections between their projects, their words, and the reality of their built works. We know that a sketch is sometimes more revealing than a building, and that notes jotted down in a personal notebook contain details missing from publications. We also know that architecture is what happens when, in a given space, you can sense the sunlight, and when a change in materials guides you through a building. But how can this information be conveyed through the pages of a book? How can we gain insights into the work not just of a single author but the workings of four different minds which are also then multiplied by many pairs of hands and specialties? Repeating in writing what plans, models, and images already communicate struck us not only as boring but also insulting to the reader. But how could we seek a deeper understanding, without self-complacency and closer to the MMX's particular working method? The inherent complexity of MMX's work inspired us to look for a format of free-standing extracts to add words to diagrams and explore the ideas underpinning the projects. What is interesting is to understand the process they naturally engage in, before it consolidates into something legible. This took the form of interviews appearing in this book as quotes interspersed between the projects, and a series of texts divided into nine themes as a means of reconstructing their core ideas.

From the outset, MMX proposes different ways of understanding architecture. They began working remotely because they lived in different countries and came from different universities and studios. They had all worked with Alberto Kalach at some point, though never all four at the same time. They opened their studio in 2009 when Diego and Ignacio returned to Mexico after a period spent studying and working in London and Madrid, respectively; Emmanuel was living in London and Jorge was working in Mexico as an architectural promoter and developer. Their first joint project was their (finalist) competition entry for Mexico's Pavilion in Shanghai. This project synthesizes their interests and exemplifies their subsequent work: it shows a wish to turn systems into buildable forms. The texts were therefore conceived as an open conversation, which is interesting not because it commemorates the past but because it helps to understand their methodologies, and to glimpse the future.

Jardín JAT
Ciudad de México, México
2015

Hemos pasado por diferentes etapas. Al principio, trabajamos mucho con Entorno —Hugo Sánchez y Tonatiuh Martínez—, confiamos mucho en su sensibilidad. Siempre nos ha interesado el paisaje, así que con el tiempo lo hemos desarrollado internamente en la oficina.

We have gone through various stages. We started out collaborating closely with Entorno's Hugo Sánchez and Tonatiuh Martínez. We have tremendous faith in their sensitivity. We have always been interested in landscaping, and over the years we have worked on this internally within our practice.

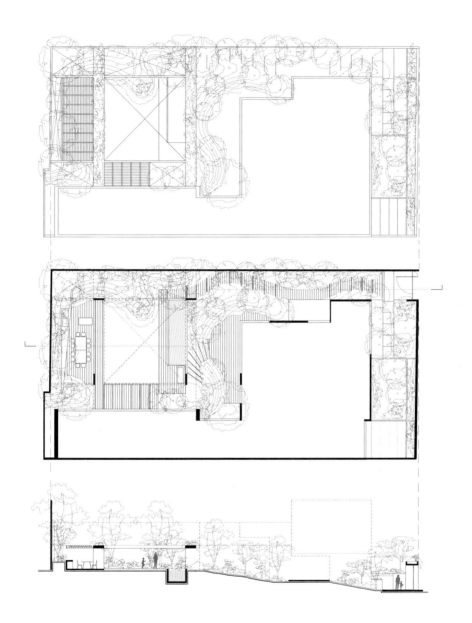

0
1
2.5
5
10 m

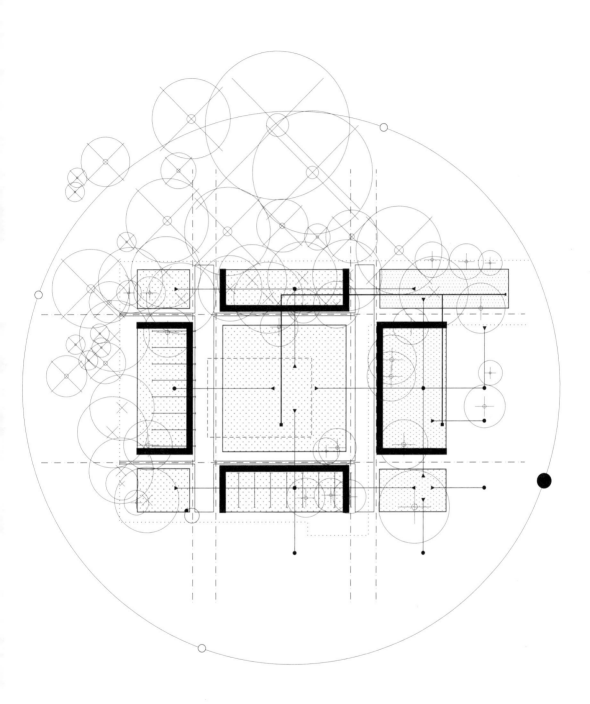

Casa CMV
Valle de Bravo, México
2016

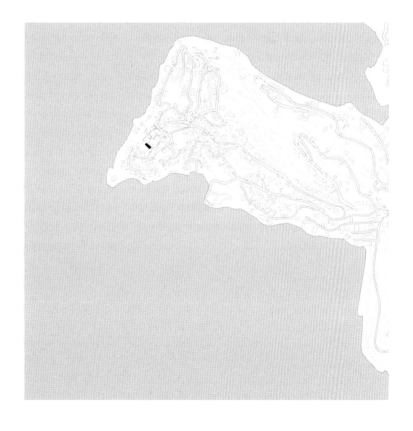

Metodología

En la obra de MMX, el análisis es el punto de partida de los proyectos. El equipo analiza el sitio, el programa y los deseos del cliente, y las reflexiones que surgen marcan la pauta de un proceso que siempre varía y a la vez es el mismo, en el sentido de que repite un mismo camino, una forma de aproximarse al problema para empezar a armar una especie de rompecabezas. Su siguiente paso es trazar diversos esquemas que se depuran hasta llegar a una idea clara, un primer diagrama. En esta etapa diseñan a partir de un módulo y prueban distintas geometrías para acomodar lo deseado.

El ejercicio de reflexión más interesante es definir cuál es la unidad que puede adaptarse para solucionar todo el sistema. Entonces se extrapola este elemento para resolver el conjunto. El objetivo es encontrar esta unidad o pieza que pueda sumarse, restarse y adaptarse para responder a todas las partes del programa. El esfuerzo se enfoca en establecer esta metodología y lograr con ella una arquitectura en su forma más esencial.

Cada proyecto implica hacer cientos de pruebas y elegir qué batallas ganar y cuáles perder, qué sacrificar y qué pedirle al cliente para lograr cierta claridad geométrica. Buscan conseguir una coherencia geométrica con la cual responder a la suma de elementos menores. Los proyectos nacen de la voluntad de expresar esa contundencia, de descifrar las reglas de juego y hacerlas legibles para quien se aproxime a su obra.

Methodology

Analysis is the starting point for MMX's projects: they study the site, the program and the client's wishes, and their reflections guide a process that is ever-changing yet always remains the same, in the sense that the studio follows the same path and takes the same approach to the problem, and then they start to put everything together like a puzzle. Their next step is to try out various strategies which they fine-tune until reaching a clear idea, or until an initial diagram begins to take shape. At this stage they design a module and try out different geometries to accommodate the desired elements of the project.

The most interesting reflection comes when they define which is the unit that can be adapted to resolve the entire system, and then they extrapolate this element to create an integral solution. The aim is to identify this unit or element that can be added to, subtracted from, and adapted, in order to respond to the different parts of the program. The energy is focused on establishing this methodology and producing the most essential architectural form.

Each project involves hundreds of tests during which they choose which battles must be won and which can be lost; what can be sacrificed and what can be asked of the client to provide a certain geometric clarity. The studio enjoys seeking geometrical coherence with which to respond to the sum of small details. Their projects develop from the will to express that power. They are keen to work out the rules of the game and make them legible to anyone contemplating their work.

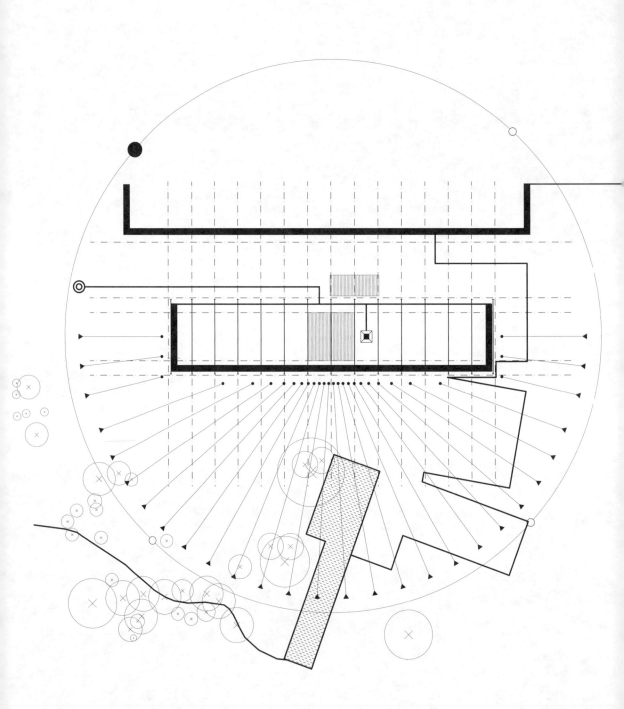

CMV fue una reflexión muy interesante sobre el contexto y un ejercicio muy meticuloso en cuanto a la estructura.

CMV was a fascinating reflection on context and a painstaking exercise in terms of structure.

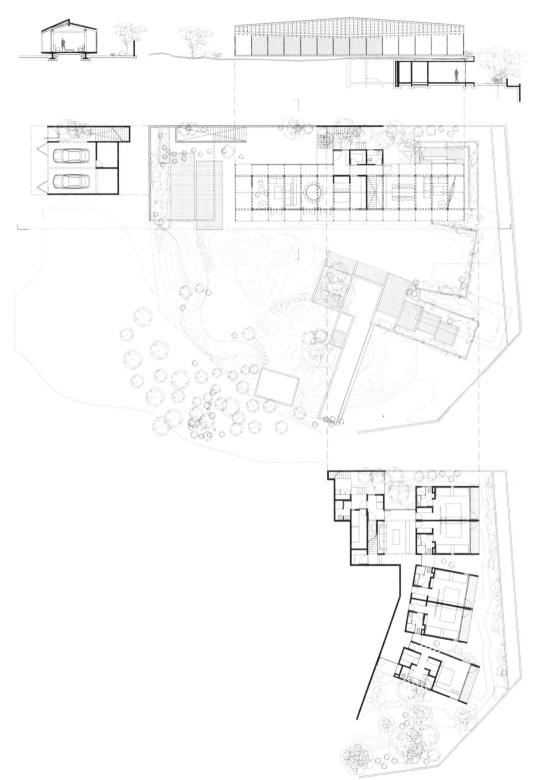

0
1
2.5
5

10 m

Casa CSC
Santa Catarina, México
2011

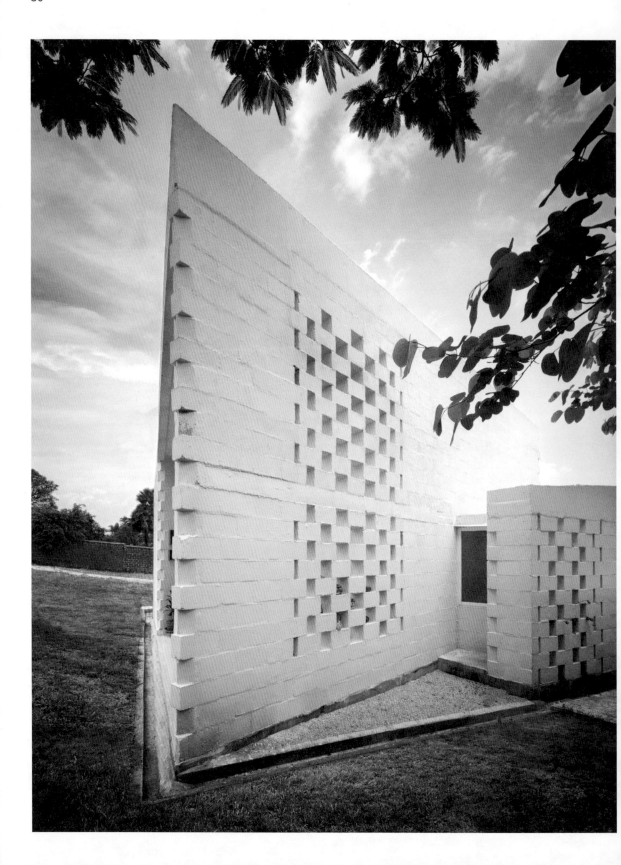

Búsqueda

MMX busca responder al cliente y transmitir algo al mismo tiempo: llenar los espacios de expresión. Buscan comunicar en los proyectos las intenciones expresadas en los primeros diagramas, en el esquema inicial. Les interesa que en una maqueta o edificio pueda leerse lo que estuvo en la cabeza de quien lo proyectó, que se entiendan los órdenes detrás de las cosas y haya claridad en la comunicación en todos los niveles, desde el dibujo hasta la obra terminada.

En sus proyectos tratan de ser lo más directos posible y de expresar claramente la función de cada elemento dentro del conjunto. A veces el encargo es tan sencillo que deriva del sistema estructural de manera directa, por ejemplo, cuando la obra entera es una cubierta en sí. En otras ocasiones, la obra deriva del contexto, y, en casos de mayor escala como los planes maestros urbanos, se define a partir de un orden geométrico establecido en función de las relaciones entre los distintos elementos. En ese caso, una serie de reglas delimita los vínculos entre las diferentes partes y la respuesta se vuelve menos formal en términos geométricos y más fuerte en términos abstractos.

Research

MMX seeks to respond to the client and convey something at the same time: to fill their spaces with an expressive quality. They want their projects to communicate the intentions expressed in the draft diagrams, in the initial layout that they choose as a project's defining aspect. They work to ensure that a model or building reveals the thinking process of its creator, elucidating the underlying order, and for there to be a clear communication on every level, from the initial sketch to the finished product.

In their projects, they try to be as direct as possible and to clearly express the function of every element within the whole. Sometimes projects are so simple that this derives directly from the structural system, for example when the entire project consists of a roof. Or else the project is born of its context, and for larger-scale projects, such as urban master plans, a geometric order is established on the basis of the relations between different elements. In these cases, a series of rules define the connections between the different elements and the response is less formal in geometric terms and stronger in abstract terms.

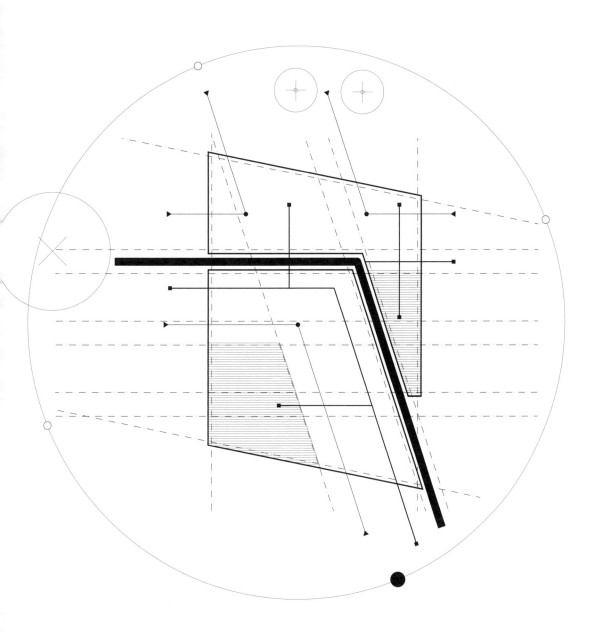

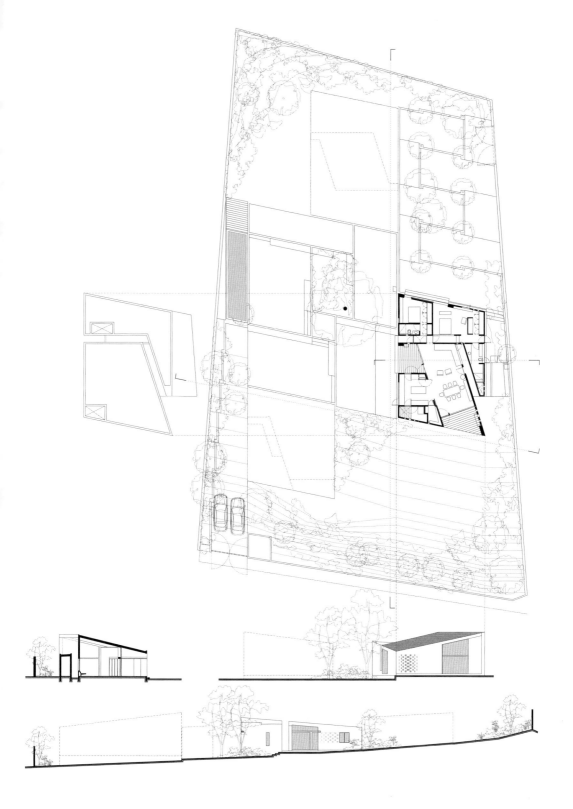

0
1
2.5
5

10 m

Casa CBC
Ciudad de México, México
2015

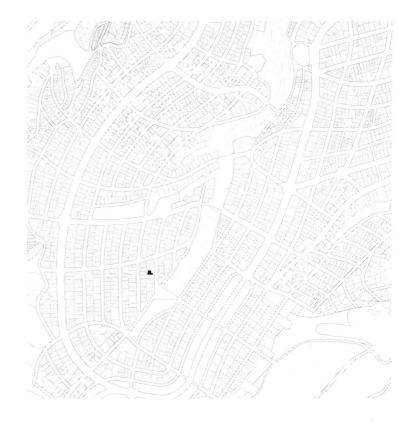

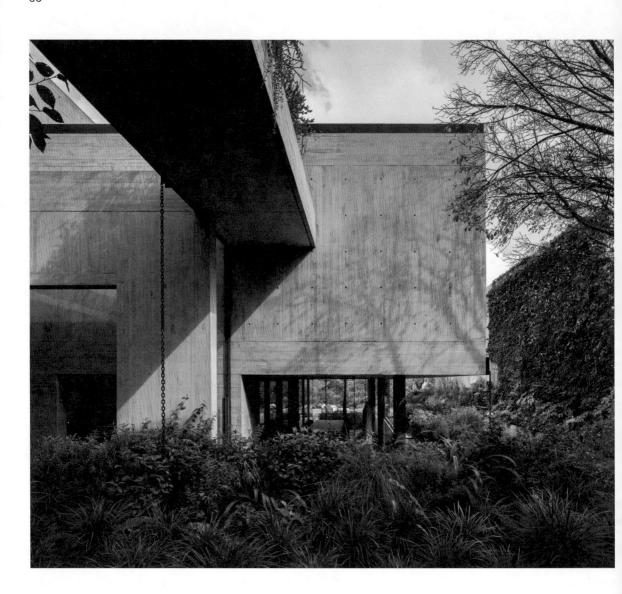

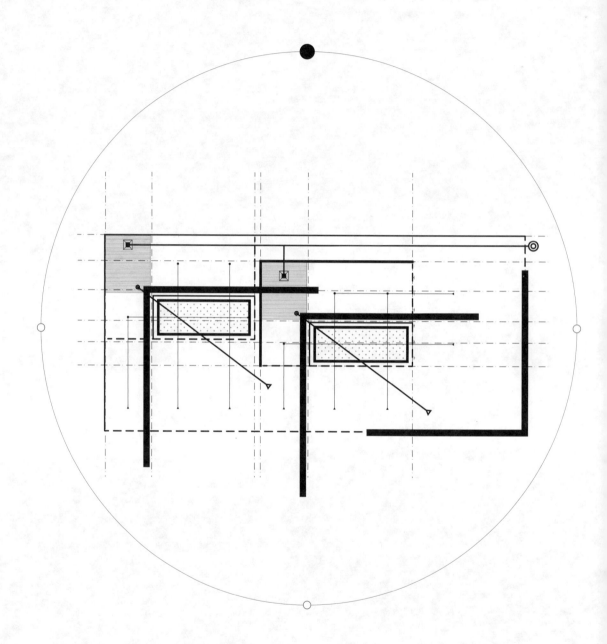

Los clientes pidieron un jardín de 1,000 m para un terreno de 1,000 m. El único camino que encontramos fue llevar el jardín a todos los niveles de la casa y que cada espacio tuviera relación con un jardín o una terraza.

Our clients asked for a 1,000-square-meter garden on a 1,000-square-meter plot. The only solution we found was to bring the garden to every level of the house and for every space to connect to a garden or terrace.

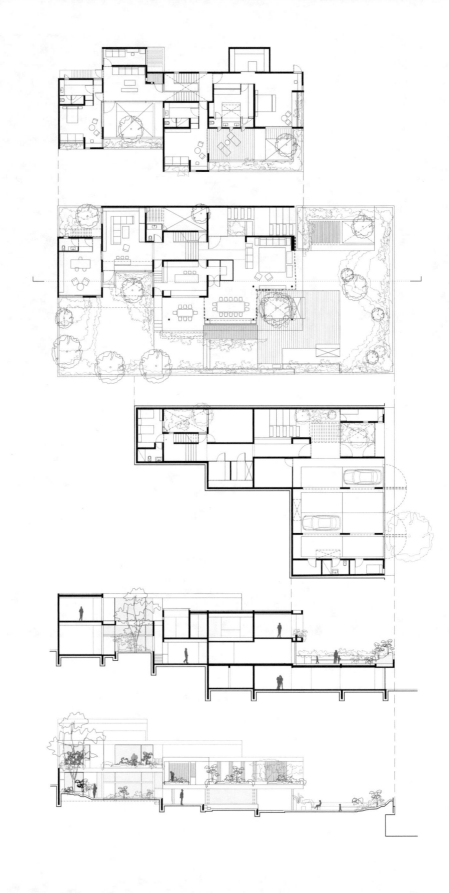

0
1
2.5
5

10 m

Casa CVC
Ciudad de México, México
2016

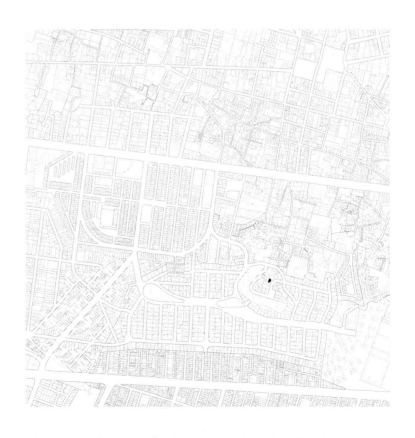

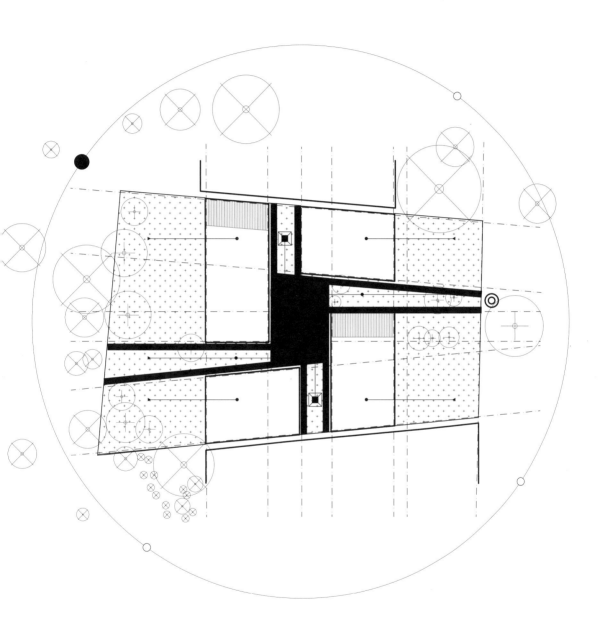

En los proyectos de casas es necesario conocer bien al usuario. Debes convertirte en una
especie de psicólogo, interpretar al usuario y
lo que espera de un espacio.

In residential projects you must have a good understanding of the end user. You need to become
a kind of psychologist, interpreting the user and
what they expect from a space.

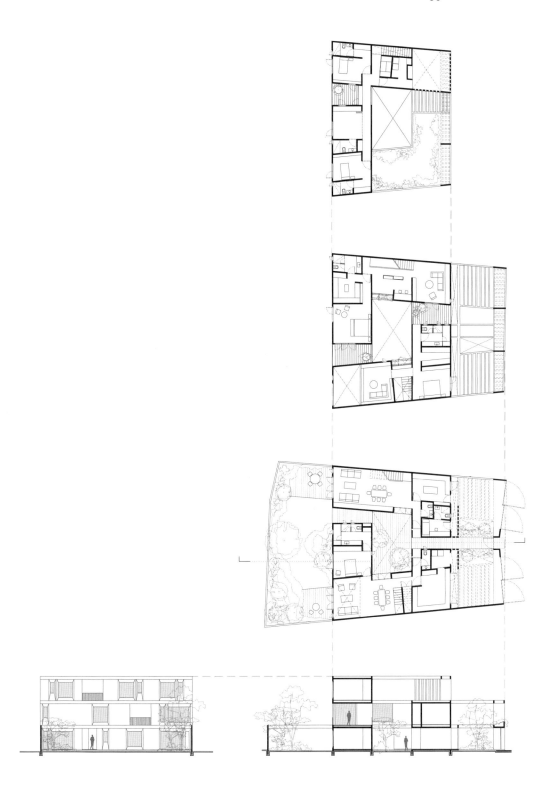

Casa CAP
Ciudad de México, México
2013

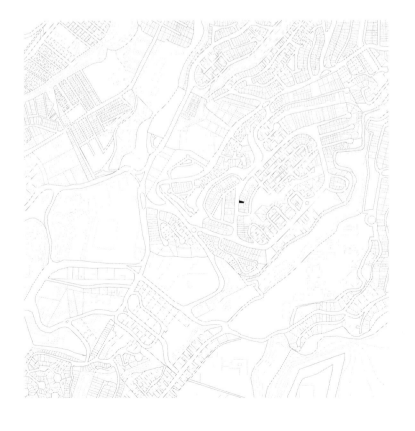

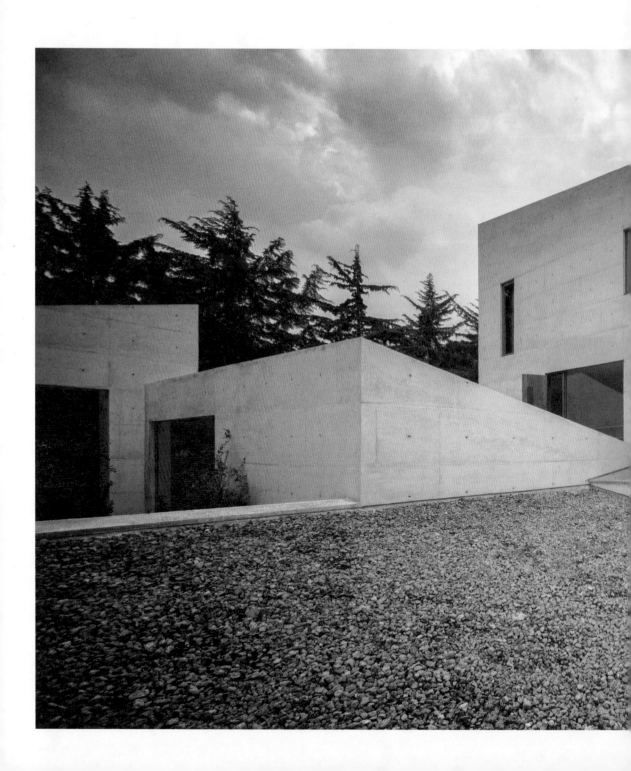

A partir de un juego de paralelas y perpendiculares a las colindancias del terreno, logramos crear células diferentes para cada espacio. Es decir, en lugar de tener una gran envolvente subdividida, generamos un volumen para cada uso del programa. El resultado es una operación de agregación con distintas inclinaciones que buscan el asoleamiento.

By playing with parallels and perpendiculars to the adjacent properties on an angular plot, we managed to create different cells for each space. In other words, instead of having a large, subdivided envelope, we created a volume for every use of the program. As a result, we made additions with different inclinations to seek exposure to the sun.

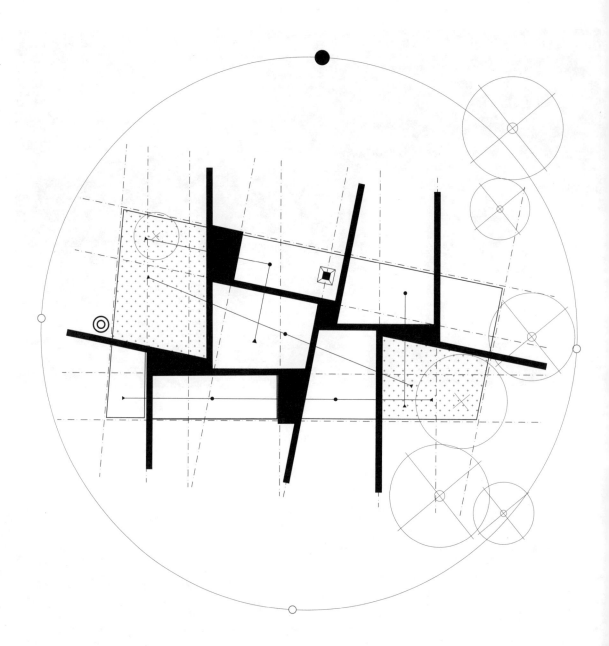

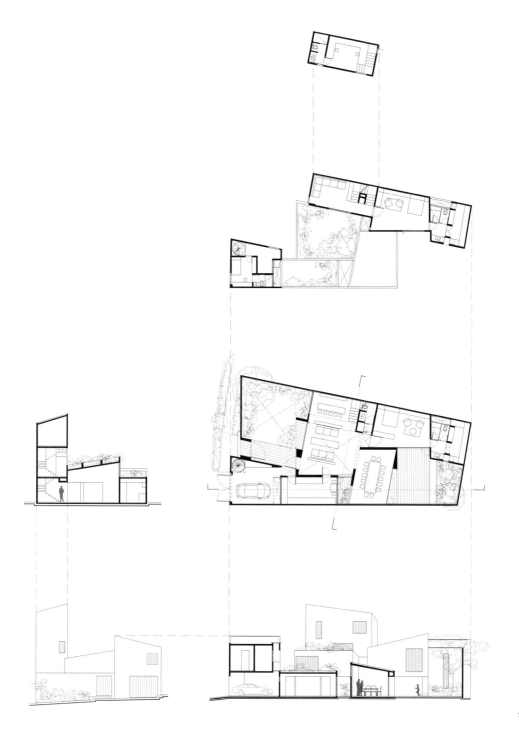

Herramientas

Las principales herramientas de MMX son las maquetas y los diagramas, sin duda, también el diálogo. Las maquetas les aseguran una comunicación lo más tangible posible para garantizar que todos entiendan lo mismo. En cambio, los diagramas son una manera de limpiar y simplificar, los conciben como el elemento más sintético que les obliga a hablar de una sola cosa.

Intentan representar los conceptos de la manera más abstracta y sencilla posible. Siempre buscan que esa claridad se trasmine al proyecto, como una manera de forzar la transparencia de las ideas. Esto facilita la comunicación entre personas distintas y los conduce a evaluar cuáles son las vistas principales o las partes más importantes en la disposición del conjunto. Decir lo más posible con el mínimo de elementos les sirve para clarificar sus intenciones.

En este sentido, no entienden los diagramas como una manifestación gráfica, sino como la síntesis del conjunto de relaciones que convergen en el proceso y que se transforman hasta llegar al resultado final. Al respecto, mencionan: "Las herramientas son una parte fundamental de análisis y comunicación entre nosotros, dibujar es esencial para pensar, pero la principal herramienta de trabajo es la cabeza. Hay que trabajar menos y pensar más. Pensando más trabajas de manera más eficiente, más inteligente".

Tools

MMX's main tools are models and diagrams, and also, of course, dialogue. The models ensure the most tangible communication possible, so that everyone has a common understanding. The diagrams, meanwhile, provide clarity and simplification, which the team conceive as the most synthetic element that forces them to talk about just one thing.

In each project, they try to represent their intentions in the most abstract and straightforward way possible. They always work to ensure that this clarity runs through the project; it's a way of ensuring transparency of ideas. This improves communication between different people and encourages them to assess the main perspectives or the most important parts in the overall layout. Saying as much as possible with the minimum number of elements helps them clarify their intentions.

In this sense, they do not see project diagrams as a visual manifestation, but as the synthesis of the set of relations that converge in the process and become transformed until reaching the end result. On this matter, they say: "Tools are a fundamental part of analysis and communication between us, drawing is essential for thinking, but the main tool is the mind. You have to work less and think more. By thinking more, you work more efficiently and more intelligently."

Casa CAB
Ciudad de México, México
2017

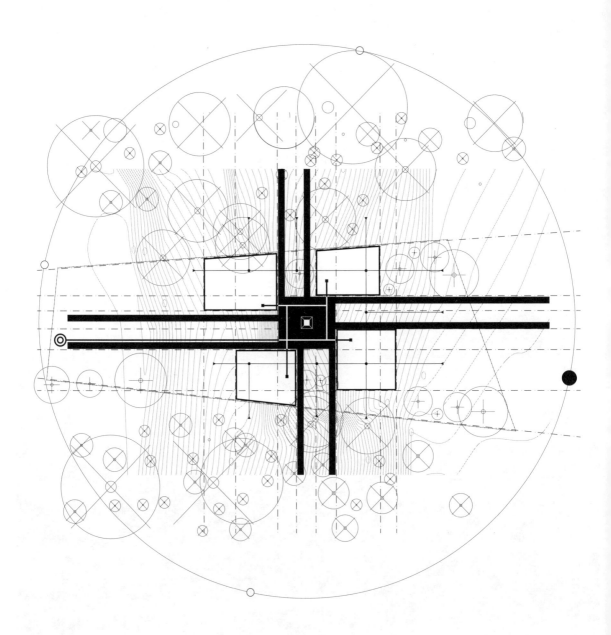

Estrategia

Dado que la formación de los miembros de MMX es diversa y sus experiencias laborales al salir de la universidad fueron distintas, dedican un gran esfuerzo a la definición de las bases de argumentación para elegir una estrategia clara que fundamente sus ideas y se refleje en formas coherentes y proyectos sintéticos. Una de sus preocupaciones centrales es ir contra lo superfluo, lo estilístico, a partir de establecer una estrategia, un orden que evite lo subjetivo. Sus estrategias de diseño son reiterativas, manifiestan siempre un interés en la ciudad, el paisaje y la geometría.

Su proceso de diseño busca cargarse de orden y razón, para ello establecen una especie de sistema en el cual integran una amplia matriz combinatoria dentro de un denominador común. Esto les permite aproximarse con una misma lógica a proyectos de escalas muy distintas, desde una pequeña instalación en una galería hasta un gran plan urbano. En su proceso de diseño siempre recorren los mismos pasos a pesar de la naturaleza tan variada de los proyectos, para hacer su metodología productiva, fundamentada y replicable.

Strategy

Given the diversity of MMX's team, and their different professional backgrounds after leaving their respective universities, they work hard to define their points of view to develop a clear strategy that lays the foundation for the discussions and is reflected in coherent forms and in concise projects. One of their core aims is to shun everything superfluous and stylistic by establishing a strategy, an orderly approach that avoids subjectivity. Their design strategies are reiterative and always display their interest in the city, in landscapes, and in geometry.

Their design process aims to draw on order and logic, and with that in mind they establish a kind of system which brings together a wide-ranging combinatory matrix within a common denominator. This allows them to apply the same logic to projects of vastly different scales, from a small art gallery installation to a large urban master plan. They always follow the same steps in their design process, despite the extremely varied projects, in order to make their methodology not only productive but also well-grounded and replicable.

0
1
2.5
5

10 m

Dicen que el proyecto más difícil es la casa propia. La parte más difícil es habitarla, porque nunca acabas de ver las posibilidades que pudieron existir. Funciona para aprender.

Your own house is said to be the hardest project of all. The most difficult thing is to live in it, because you never stop seeing the possibilities. It works as a learning process.

Casa CMR
Ciudad de México, México
2017

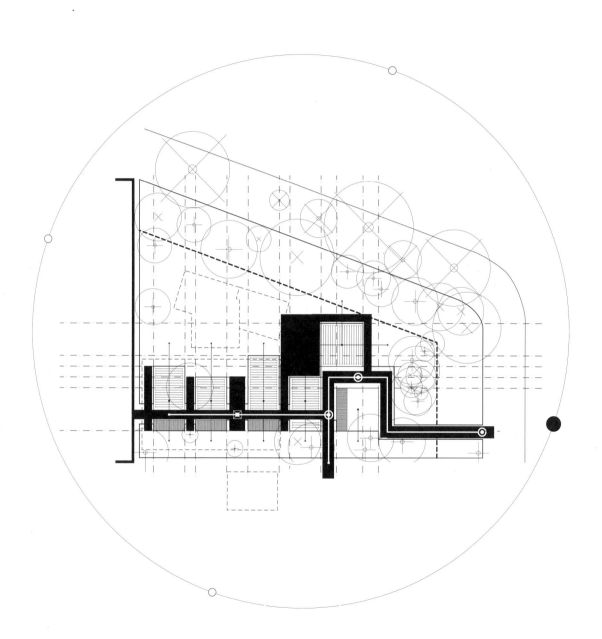

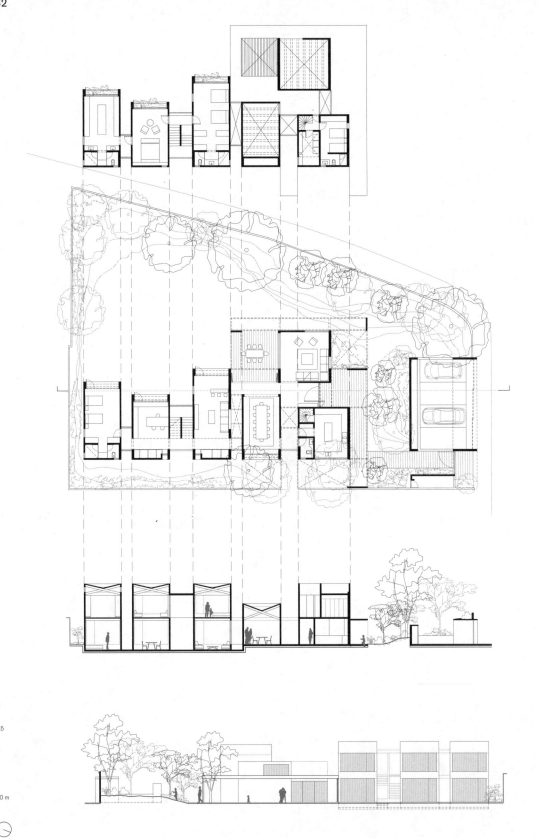

0
1
2.5
5
10 m

Al encontrar en el terreno un jardín en buenas condiciones, intentamos que el jardín entrara en la casa, que atravesara los volúmenes en los que se desarrolló el programa.

After finding a garden in very good condition on the plot, we decided to bring it into the house and make it intersect the program's different volumes.

Departamentos DRL
Ciudad de México, México
2015

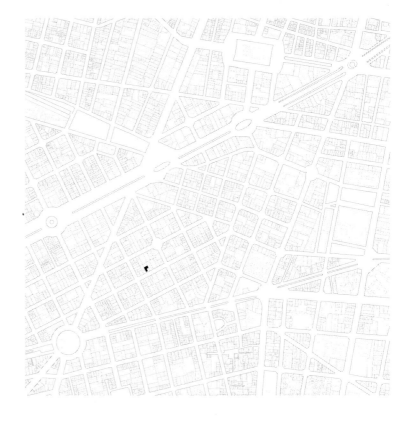

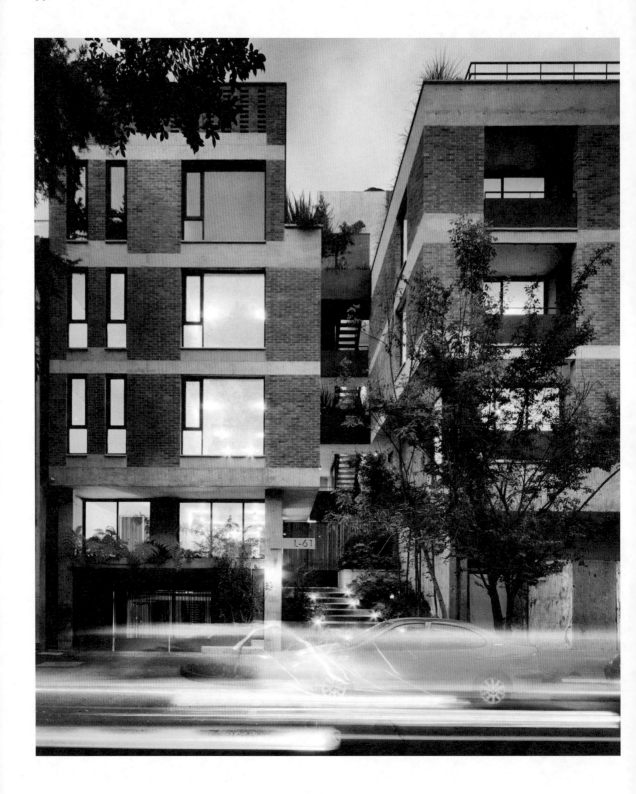

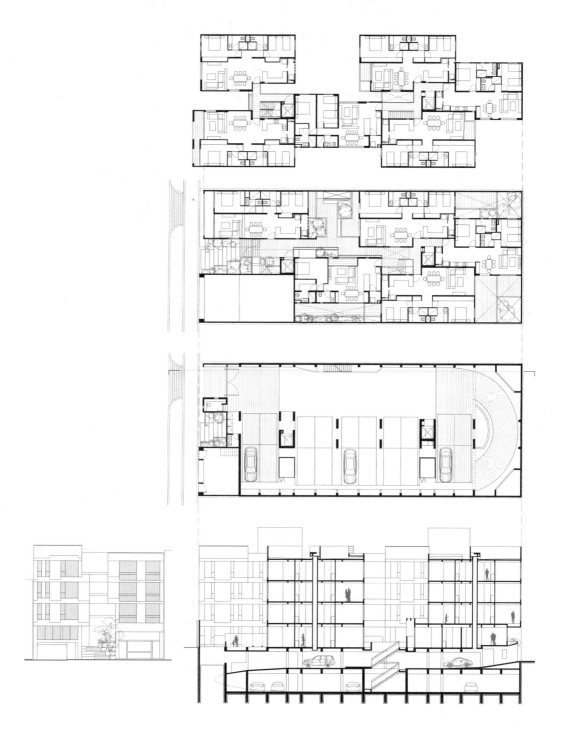

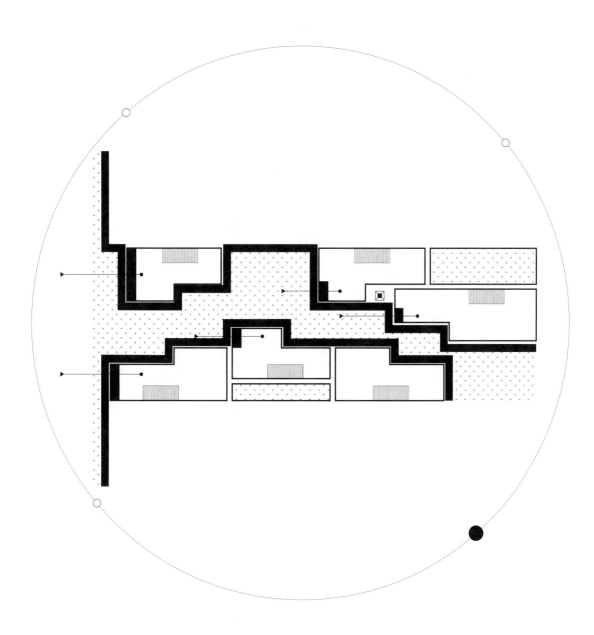

Este fue un proyecto relevante, no tanto por el planteamiento arquitectónico, sino por el de la ciudad, la continuidad del espacio de la ciudad que se prolonga y entra al conjunto.

The architectural approach taken with this project was less important than its connection to the urban context; it continues the city space, extending it and allowing it to penetrate the complex.

Departamentos DGB
Ciudad de México, México
2018

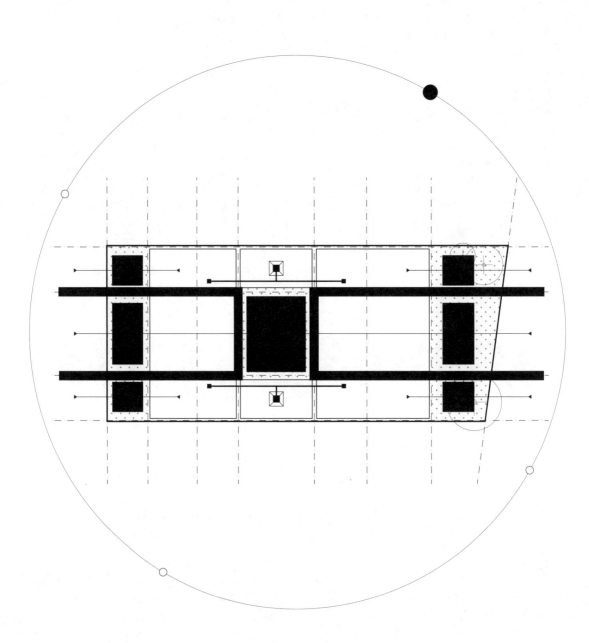

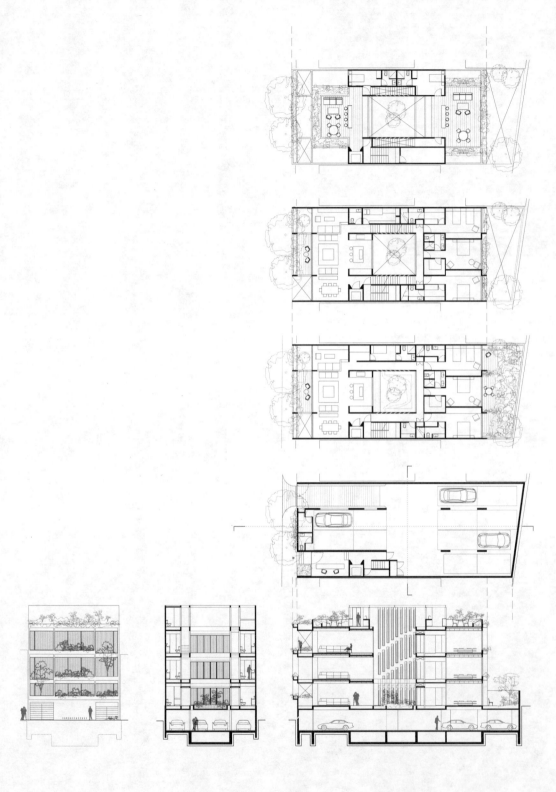

Obra

La experiencia en obra es parte fundamental del trabajo de MMX y se refleja en su interés por los materiales, la estructura y la relación con el ámbito exterior. Prestan un interés particular en la parte constructiva, las articulaciones espaciales, las secuencias y los recorridos. Se inclinan sobre todo hacia la resolución de los encuentros entre materiales, la transición entre escalas y la articulación de cada elemento. Su visión se centra en el engranaje de las partes.

Cuando visitan una obra en proceso, la parte más importante es anticipar. Esto requiere ver las partes según una lógica de tiempos y movimientos que vinculan con el primer diagrama del proyecto. Su interés radica en hallar una relación entre las cuestiones estructurales y constructivas, es decir, entre la parte más técnica de una obra, y los aspectos del sitio y el programa.

Les atrae todo lo que tiene que ver con los exteriores, con la relación entre arquitectura y paisaje. Durante el proceso de obra buscan todo lo que pueda transformarse en jardines en varias escalas y cómo involucrar la arquitectura con el espacio abierto. La transición entre esos ámbitos les ayuda a definir con nitidez las relaciones de los elementos del conjunto. Cada proyecto manifiesta una preocupación por incorporar la vegetación, el espacio abierto, la relación entre las personas y el entorno.

Work

The construction site experience is an essential part of MMX's work, and this can be discerned in the studio's interest in materials, the structure, and in their architecture's connection to the exterior landscape. They pay special attention to structure, spatial articulations, and circulations. Above all, they are fascinated by the connections between different materials, transitions between different scales, and the articulation of every element. Their vision is focused on blending the different aspects of the work.

When visiting a work in progress, they consider that anticipation is the most important thing of all, and this requires seeing the various parts in accordance with timing and movements, which they link with the initial diagram that forms the basis of the project. Their interest is in finding the connection between structural and construction-related issues, in other words, between the more technical parts of a project, and the characteristics of the site and the program.

They are interested in everything related to exteriors, in the connection between landscape and architecture. During the construction process they seek out everything that can be changed into gardens on different scales, and how the architecture can connect to open space. The transition between those two areas helps them to pinpoint the connections of the different parts of the whole. Every project shows their concern with incorporating vegetation, open space and the relationship between people and their surroundings.

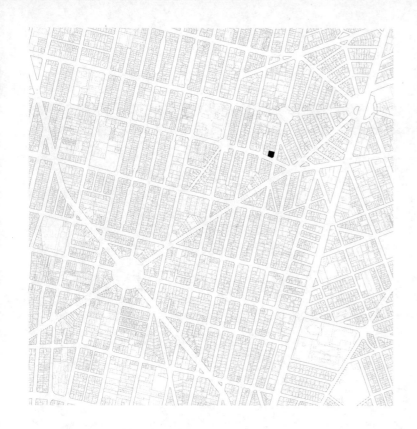

Departamentos DPS
Ciudad de México, México
2017

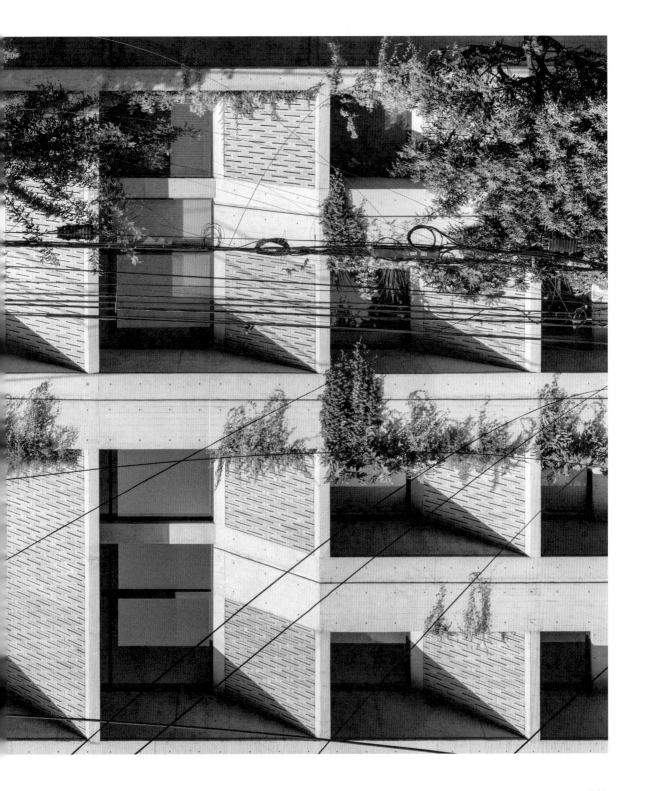

En este proyecto se manifiesta nuestra lectura del contexto, un entendimiento de la vocación y los atributos de una colonia peatonal. Fue muy interesante la participación de personas externas a la oficina que nos hicieron ver cosas que podían mejorar.

This project displays our local understanding of the different aspects of a pedestrian-oriented neighborhood. It was very interesting to involve others from outside the studio to show us the areas where we could improve.

10 m

5

2.5
1
0

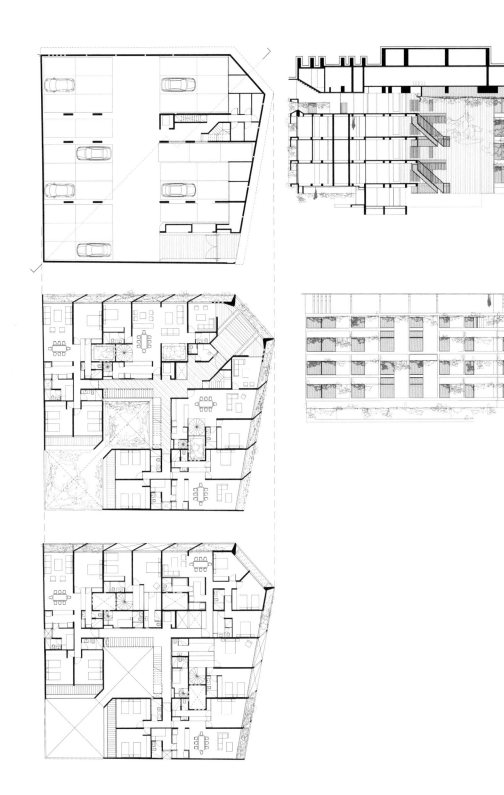

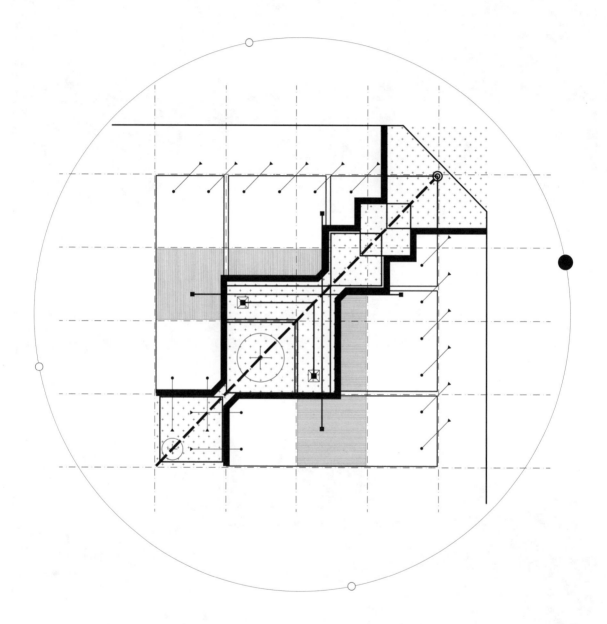

Piel profunda
    – Jose Castillo

Conocí a los cuatro socios de MMX hace 18 años, en el año 2000. Podría pensarse que 18 años, ese referente de la adultez, es suficiente para dar pistas de la manera en que este grupo talentoso y complementario configura su práctica. Con credenciales impecables, una masa crítica de trabajo considerable y una presencia académica y pedagógica comprometida, MMX no deja de sorprender por la capacidad de expansión de sus propios límites, tanto en rango y espesura como en las operaciones de diseñar y construir.

Mi conocimiento de la labor de MMX parte sobre todo de sus dibujos y fotografías. En el acto de "leer" los dibujos están algunos de los placeres más gratificantes de su obra y en ellos se manifiesta su sofisticación y profundidad. En un momento en el que la sobreexposición a imágenes de arquitecturas en Internet y medios impresos parece reducirse al consumo de referencias y preferencias, MMX nos exige y permite ir más allá de esa superficie y discutir ideas espaciales y planteamientos arquitectónicos.

A pesar del rango de su obra, que va desde la instalación y el espacio doméstico hasta el proyecto urbano de gran escala, hay dos constantes en sus estrategias proyectuales que la hacen interesante y pertinente. En primer lugar, está la práctica de usar la geometría para conectar la planta con la sección o la fachada, y la imagen con la tectónica. A diferencia de esquemas geométricos sencillos, muy en boga hoy, las aproximaciones de MMX favorecen la complejidad y la diversidad de lecturas, siempre hay más de una manera de describir y experimentar los espacios y las formas.

La segunda constante es el método de trabajo. El rigor metodológico de la repetición sistemática de representación —descripción, diagrama, maqueta, dibujo—, más que ser una camisa de fuerza o una simple técnica de organización del trabajo, parece un mecanismo que ha vinculado la obra individual al corpus de la oficina a lo largo de sus años de existencia. Las pequeñas continuidades y rupturas entre una y otro permiten trazar trayectorias cuyos destinos todavía no terminan por definirse. Como ejemplo, está la idea de fragmentación, visible en las casas CSC, CVC y CAB; la noción del promenade en la Casa CMR y otros proyectos urbanos, o el elemento de geometrías subvertidas, líneas que se vuelven planos y planos que se convierten en volumen, como en el Pabellón ECO, el FNO y el FCA.

A diferencia de otros despachos jóvenes cuya producción incipiente suele afianzarse en trabajo residencial, y en ocasiones permanece ahí, MMX ha logrado transformar sus proyectos domésticos no sólo en expresiones materiales elegantes y claras en su concepto, sino también en obras que justo por ese gravitas arquitectónico se constituyen como ensayos ante problemas más importantes para la arquitectura y la ciudad en su conjunto. El dibujo se emplea como técnica para descubrir las geometrías ocultas de un contexto; la fragmentación, como una estrategia programática y tectónica;

las ideas, como porosidad. Así, los umbrales y las escalas múltiples llevan las virtudes de la ciudad al espacio doméstico y viceversa. Los proyectos de vivienda multifamiliar también hacen evidentes esas ideas. En los Departamentos DRL, una fachada exterior se desenvuelve hacia el interior, mientras en los Departamentos DPS el espesor de la fachada se convierte en un umbral urbano profundo para balcones y otros programas. Quizá por sesgo personal o porque identifico potencialidad latente en esos proyectos y las ideas planteadas, encuentro dos aspectos sugerentes en las aproximaciones urbanas de MMX: la piel profunda y el perímetro desenvuelto.

En proyectos como Jojutla y Ciudad Universitaria, la epidermis se expande y se multiplica para convertir esa zona de contacto entre público y privado, entre centralidades y márgenes, en un lugar en sí mismo, casi como el porche de edificios renacentistas. Esta concepción del espacio no es de "adentro y afuera", sino de "a través", protección y construcción de carácter al mismo tiempo. No me resulta exagerado vincular esta concepción a la experiencia de dos de los socios de MMX, que vivieron en Londres cuando estudiaron sus posgrados, pues conocieron las intenciones urbanas y sintieron en primera persona el cinturón verde de la ciudad, conceptualizado e implementado por Patrick Abercrombie, en 1944.

La segunda idea urbana relacionada, la del perímetro desdoblado, es una operación más geométrica, lineal, de sutura y filigrana, en la que el contorno se experimenta a lo largo de esas compresiones, expansiones y conciliaciones que el proyecto negocia con la ciudad. Esto es evidente en los proyectos de PFC, HSH, PRM. Desde mi perspectiva, hay una idea de que la experiencia de la ciudad rige de manera simultánea las geometrías, tanto visibles y ocultas, como los recorridos, no tan distintos de las derivas situacionistas. Vivir la ciudad implica perderse y dar la vuelta, estar en ella y recorrerla, ver una forma de la ciudad e imaginarse otra.

Al mismo tiempo, este trabajo urbano tiene espacio para madurar. Por momentos simplifica la idea de "lo urbano" en una planta evocativa, subestima o minimiza lo social, lo que sucede en la planta baja o lo que facilitan o impiden estos perímetros y epidermis. En ese sentido, sería interesante ver si la monumentalidad que plantea el hilvanado de espacios abiertos —a la Daniel Burnham y su *City Beautiful*, a la Frederick Law Olmsted y sus collares de esmeraldas, o a la Carlos Contreras y su plano regulador de 1932— encierra otras formas de urbanismo más sensibles e interesantes, que conecten lo físico con lo social.

Para un despistado, los dibujos urbanos de MMX parecerían un simple sombrero, como en El principito, de Antoine de Saint-Exupéry, cuando en realidad son o pueden ser una boa que se tragó un elefante. Tendremos que esperar para saber si en la evolución a la adultez profesional MMX no pierde imaginación y potencia, si la hoy "piel profunda" pasa de una simple dermis a un verdadero órgano de transformación de la ciudad.

Deep Skin
    – Jose Castillo

I met the four founding partners of MMX in 2000, some 18 years ago now. One might imagine that 18 years—that landmark of adulthood—would be enough to provide clues on how this talented and complementary group organizes and establishes their architectural practice. Despite this, for all their impeccable credentials, their critical mass of completed work, and a commitment to academia and teaching, MMX is a group that never fails to surprise with its capacity to expand its own boundaries in terms of range, depth and the operations employed in the act of designing and building.

My knowledge of MMX's work is mostly based on their drawings and photographs. This act of "reading the drawings" offers one of the greatest pleasures of the studio's work, and reveals their sophistication and depth. At a time when over-exposure to images of architecture both online and in printed media would seem to reduce it to mere consumption of references and preferences, MMX oblige and enable us to go beyond this superficial approach to debate spatial ideas and architectural proposals.

Despite the range of the work, which runs from installations and domestic spaces to large-scale urban projects, there are two constants in their design strategies that make the work both interesting and relevant. In the first place is the question of using geometry as a practice that connects both the plan with the section and the elevation as well as the image with the tectonics. Unlike the simplistic geometric layouts so in fashion these days, MMX's design approach favors complexity and multiple readings. The spaces and forms can always be described and experienced in more than one way.

The second constant is the working method. The methodological rigor endowed by the systematic repetition of representation in each of their projects —description, diagram, model, drawing— rather than being a strait-jacket or a simple technique for organizing their work, appears like more of a design technique for connecting the individual project with the studio's *oeuvre* accumulated over the years. It is the small continuities and small breaks between one work and the next that make it possible to trace trajectories with destinations that are not yet fully defined. For example, there is the idea of fragmentation, visible in Casa CSC, Casa CVC and Casa CAB; the idea of the promenade in Casa CMR and in several of the urban projects; or the idea of subverted geometries—lines that become planes and planes that become volumes, such as in the ECO Pavilion, the FNO and the FCA.

Unlike other young studios whose output tends to be rooted in residential buildings —and sometimes remains there— MMX has successfully transformed its domestic projects into works that are materially elegant and conceptually well-defined, and that because of this architectural gravitas stand as trials that respond to significant problems for architecture and the city. These range from drawing as a technique for discovering the hidden

geometries of a context, to fragmentation as a programmatic and tectonic strategy, and to ideas such as porosity, thresholds and the idea of multiple scales that carry the virtues of the city into the domestic space and vice versa. The multi-family dwelling projects also make these ideas clear; in the DRL apartments an external façade "unfolds" towards the interior while in the DPS apartments the thickness of the façade becomes a deep urban threshold for balconies and other aspects of the program. Whether out of bias, or the potential I see in them, it is MMX's urban projects that reveal their two most suggestive aspects: the deep skin and the unfolded perimeter.

In projects such as Jojutla and CU the epidermis expands and multiplies, transforming this zone of contact between public and private, between center and margin into a space in itself, almost like the "porch" of Renaissance buildings. This spatial conception is not about "inside/outside" but about "across and through"; simultaneously protection and construction of character. It's no exaggeration to connect this conception to the experience that two of MMX's partners had as post-graduate students in London, learning about the urban intentions and experiencing first hand the city's green belt conceived and implemented by Patrick Abercrombie in 1944.

The second urban idea is that of the unfolded perimeter, a more geometric and linear operation of suture and detail, where the experience of the perimeter is experienced "along the length of" these compressions, expansions and reconciliations that the project performs with the city. This is seen in the projects for PFC, HSH y PRM. In my view there is an idea expressed here that the experience of the city is at once something that determines the geometries, both visible and concealed, and the paths taken, in a manner not unlike a Situationist *dérive*. Experiencing the city means simultaneously getting lost and "reimagining it," being in it and exploring it, seeing one form of the city and imagining another.

At the same time, this work still has room to mature; at times it simplifies the idea of "the urban" to an evocative plan, underestimating or minimizing the social constructs, what happens when buildings touch the ground, or what these perimeters and epidermises facilitate or hinder. It would be interesting to see if the monumentality that seeks to link up open spaces—in the style of Daniel Burnham and his "City Beautiful," of Olmsted and his "Emerald Necklace" for Boston or of Carlos Contreras and his "Regulating Plan" for Mexico City of 1932—also encloses other forms of sensitive, interesting urbanisms that connect the physical to the social.

To an absent-minded observer the urban plans of MMX might seem, as in Antoine de Saint-Exupéry's *The Little Prince*, a simple hat when in reality they are (or could be) a boa constrictor that swallowed an elephant. It remains to be seen if in the "professional adulthood" of MMX imagination and potential are not lost; if what today is a "deep skin" is transformed from a simple dermis into a real organ of transformation of the city.

Capacidad y consenso: una primera radiografía
– Pablo Goldin

A partir del tercer integrante, un conjunto de peces se transforma en cardumen. En esa formación, la toma de decisiones y el comportamiento de los miembros dependen de una serie de reglas para alcanzar objetivos comunes de alimentación y reproducción:

1. Separación: evitar la aglomeración de vecinos (repulsión de corto alcance).
2. Alineación: avanzar a la velocidad promedio de los vecinos.
3. Cohesión: dirigirse hacia el centro del grupo o posición media de los vecinos (atracción de largo alcance).[1]

Estructuras colectivas semejantes se manifiestan en las neuronas y otras células,[2] en las que la suma de esfuerzos crea herramientas y mecanismos que amplían el alcance de sus partes. El caso de MMX hace eco de estas formas de organización por su capacidad de producción y la práctica cotidiana de construcción de consensos. La oficina está integrada por cuatro socios y un número variable de arquitectos y especialistas. Los diagramas y maquetas sirven como instrumentos de un proceso de comunicación, cuyo resultado es la traducción de los intereses y estrategias compositivas en un repertorio amplio de respuestas urbanas y arquitectónicas.

¿Por qué trabajamos de esta manera? ¿En qué radica la especificidad de esta oficina? ¿Cuál es el objetivo de desarrollar una práctica colectiva en una disciplina acostumbrada al culto a la personalidad? Las respuestas se intuyen desde el pragmatismo que revela el nombre del estudio. Los cuatro socios, Jorge Arvizu, Ignacio del Río, Emmanuel Ramírez y Diego Ricalde, quienes habían coincidido antes, emprendieron su trayecto como equipo en 2010, MMX en números romanos. La misma racionalidad guía los procesos de trabajo, las decisiones se toman en conjunto y los proyectos pasan por filtros internos de depuración analizando las relaciones que cada encargo tiene con el contexto en el cual se inserta. El procedimiento puede parecer limitante en un primer acercamiento; sin embargo, permite dotar cada propuesta de una solidez que contrarresta las inestables condiciones financieras y administrativas que permean el mercado actual. La práctica contemporánea no sólo depende de la creatividad de sus autores en la ideación de propuestas, sino de la capacidad de respuesta y adaptación ante cualquier imprevisto que surja durante el desarrollo de las mismas.

Tomemos como ejemplo los planes maestros y las instalaciones. Los primeros parten de una inquietud propia por organizar un territorio y canalizar de manera positiva las dinámicas que suceden en él. Las segundas son el resultado de la articulación entre los elementos de la pieza y el sitio en el que se encuentran. Ambos tienen como origen una idea clara que puede evolucionar de manera orgánica. En el caso de las casas y edificios, si bien comparten el mismo proceso de análisis, síntesis y modulación, son el producto de la simbiosis entre el programa planteado por el cliente y el

1
Flocking es un término utilizado en biología para describir el comportamiento de grupos de animales e insectos. En 1987 fue simulado por primera vez en un ordenador con el programa Boids, de Craig Reynolds (Wikipedia, *Comportamiento flocking*).

2
"La percepción de cuórum o autoinducción (en inglés, *quorum sensing*) es un mecanismo de regulación de la expresión genética en respuesta a la densidad de población celular. Las células involucradas producen y excretan sustancias, llamadas autoinductores, que sirven de señal química para inducir la expresión genética colectiva" (Wikipedia, *Percepción de cuórum*).

potencial que ofrece el sitio. Implican procesos más meticulosos, en los que cada componente cumple una función determinante en el resultado final. El alcance de la oficina por lo tanto no está definido por una cuestión de escalas o tipologías, sino por la aplicación de un método que mantiene de manera fractal la coherencia del conjunto y sus partes en relación con el contexto y las circunstancias. Ninguna de sus obras navega con bandera de ingenua u ocurrente.

El sistema permite resolver el proyecto de una terraza, la concepción de conjuntos de torres de alta densidad, planes maestros regionales o el libro que en este momento se encuentra en manos del lector. Cada acción en la obra de MMX pretende sumarse a una transformación más grande generando un orden en el que quepan muchos más.

¿Por qué insistir en una práctica colectiva tan estructurada y horizontal? La urgencia de planificar y simultáneamente sanear y crecer que exigen los asentamientos urbanos y rurales plantea un escenario en el cual es necesario ampliar el repertorio de estrategias y aproximaciones con las cuales responder a problemáticas complejas. Los conflictos que pusieron en riesgo la pertenencia de la Ciudad Universitaria a la Lista de Patrimonio Mundial de la Organización de las Naciones Unidas para la Educación, la Ciencia y la Cultura,[3] relacionados a la falta de planeación en los alrededores de Ciudad Universitaria, son un claro ejemplo de ello. Los daños ocasionados por los distintos sismos a lo largo de la República Méxicana en 2017 son otro escenario que exhibe la tensión entre desgastes heredados del pasado, la urgencia del presente y los retos hacia futuro. La construcción, transformación y activación de nuestro entorno requiere de capacidad de trabajo, consensos, métodos y un entendimiento profundo del territorio y las circunstancias en las que se encuentra. Un esquema creativo como el de MMX no sólo permite a sus integrantes ampliar y estructurar el alcance de sus acciones, también incrementa la certeza de sus propuestas en beneficio de los territorios que intervienen. He ahí la apuesta.

3
En 2018, la Universidad Nacional Autónoma de México interpuso una querella legal con la desarrolladora inmobiliaria Be Grand por la construcción de un proyecto de vivienda que alteraría la vista desde el interior del campus hacia el edificio de la Biblioteca Central.

Capacity and Consensus: A First Analysis
– Pablo Goldin

From the third member, a group of fish becomes a school. In this formation, the decision-making and the behavior of the members depend on a series of rules to achieve shared objectives of feeding and reproduction:

> 1. Separation: avoid crowding neighbors (short range repulsion).
> 2. Alignment: steer towards average heading of neighbors.
> 3. Cohesion: steer towards average position of neighbors (long-range attraction).[1]

Similar collective structures are displayed in neurons and other cells,[2] in which the sum of efforts creates tools and mechanisms that expand the scope of its parts. The case of MMX echoes these forms of organization due to its production capacity and daily practice of consensus-building. The firm comprises four partners and a variable number of architects and specialists. The diagrams and models serve as tools in a communication process that serves to translate the interests and compositional strategies into a wide repertoire of urban and architectural responses.

Why do we work in this way? Where is the specific character of this firm found? What is the purpose of developing a collective practice in a discipline so accustomed to the cult of personality? The answers may be guessed from the pragmatism revealed by the firm's very name. The four partners, Jorge Arvizu, Ignacio del Río, Emmanuel Ramírez and Diego Ricalde, who had worked together before, embarked on this project in the year 2010, or MMX in Roman numerals. The same rationality guides their working processes: decisions are taken together and the projects pass through internal filters. To analyze the relationships each commission maintains with its context. The procedure may seem limiting at first: however, it allows each proposal a solidity that counters the unstable financial and administrative conditions that permeate the current market. Contemporary practice not only depends on the creativity of its authors in coming up with proposals, but on the ability to respond and adapt to any unforeseen event that arises during their development.

Let us take as an example the master plans and installations. The former begin with a concern with organizing a territory and positively channeling the dynamics it is home to. The latter are the result of the interaction between the elements of the project and the site in which it is located. Both find their origin in a clear idea that can evolve organically. While they share the same process of analysis, synthesis and modulation, the homes and other buildings are the outcome of the symbiosis between the program presented by the client and the potential of the site. They imply more meticulous processes, in which each component fulfills a decisive function in the final result. As such, the scope of the firm is not a question of scales or typologies, but the application of a method that maintains the coherence of the whole

1
Flocking is a term used in biology to describe the behavior of groups of animals and insects. In 1987 it was simulated on a computer for the first time using the Boids program designed by Craig Reynolds (Wikipedia, *Flocking (behavior)*).

2
"Quorum sensing or self-induction is a mechanism of regulation of gene expression in response to cell population density. The cells involved produce and excrete substances, called autoinducers, that serve as a chemical signal to induce the collective genetic expression" (Wikipedia, *Quorum sensing*).

and its parts in relation to the context and circumstances, in the manner of a fractal. No one sails under the flag of innocence or wit.

The system allows us to resolve the project for a terrace, the design of high-density towers, regional master plans for the book the reader is holding. It is a project of the firm as a whole. Each action in MMX's work aims to join a larger transformation that generates an order that encloses many more.

Why insist on such a structured, horizontal collective practice? The urgency of planning and at the same time cleansing and growing demanded by urban and rural settlements alike sets out a scenario in which it is necessary to extend the repertoire of strategies and approaches for responding to complex problems. The conflicts that placed at risk the UNAM's University City campus's place on the UNESCO World Heritage register,[3] linked to the lack of urban planning around the campus, are a clear example of this. The damage caused by the earthquakes that hit Mexico in 2017 are another situation that manifests the tension between the issues inherited from the past, the urgency of the present and the challenges of the future. The construction, transformation and activation of our surroundings demands a capacity for work, consensus, methods and a deep understanding of the territory and the circumstances in which it is situated. A creative model like that of MMX not only allows its members to expand and structure the scope of their actions, but also enhances the certainty of their proposals, to the benefit of the territories in which they work. This is the wager.

3
In 2018, the National Autonomous University of Mexico (UNAM) filed a legal complaint with real-estate developer Be Grand for the construction of a housing project that would alter the view from within the campus towards the Central Library building.

MMX
Jorge Arvizu Soto, Ignacio del Río
Francos, Emmanuel Ramírez Ruiz,
Diego Ricalde Recchia

Jardín JAT
2015
Equipo de trabajo Project Team:
Nicolás Backal Stavchansky
Construcción Construction: CM2
Estructura Structural Engineering:
Wassner
Instalaciones Installations:
Inversa Instalaciones Integrales
Iluminación Lighting Design:
Luz en Arquitectura
Paisaje Landscaping: Entorno

Casa CMV
2016
Equipo de trabajo Project Team:
Ana Nuño de Buen,
Mariana Braga Martins
Construcción Construction:
Tuca Construcciones
Estructura Structural Engineering:
Ing. Adrián Izquierdo Zenil
Instalaciones Installations:
Tuca Construcciones
Paisaje Landscaping:
Grupo de Diseño Urbano

Casa CSC
2011
Equipo de trabajo Project Team:
Cecilia Pardo Rojo
Construcción Construction: MMX
Estructura Structural Engineering:
EA Ingeniería
Instalaciones Installations: Taller 2M

Casa CBC
2015
Equipo de trabajo Project Team:
Eréndira Tranquilino Ortiz, Mariana
Braga Martins, Mariel Collard Arias
Construcción Construction: Dicoresa
Estructura Structural Engineering: CDI

Instalaciones Installations:
JBA Soluciones
Iluminación Lighting Design:
Luz en Arquitectura
Paisaje Landscaping: Entorno
Diseño de interiores Interior Design:
Taller de Arquitectura de Interiores

Casa CVC
2016
Equipo de trabajo Project Team:
Eréndira Tranquilino Ortiz,
Ana Nuño de Buen
Construcción Construction: CM2
Estructura Structural Engineering:
Wassner
Instalaciones Installations: Taller 2M
Paisaje Landscaping: Entorno
Diseño de interiores Interior Design:
Taller de Diseño Leticia Serrano

Casa CAP
2013
Equipo de trabajo Project Team:
Javier Moctezuma Mendoza,
Eréndira Tranquilino Ortiz
Construcción Construction:
Benjamín Villeda Trejo
Estructura Structural Engineering:
CDI
Instalaciones Installations: Taller 2M
Paisaje Landscaping: Entorno

Casa CAB
2017
Equipo de trabajo Project Team:
Olivia Hansberg Pastor
Construcción Construction: MMX
Estructura Structural Engineering:
CDI
Instalaciones Installations:
JBA Soluciones
Paisaje Landscaping: Genfor

Casa CMR
2017
Equipo de trabajo Project Team:
Gonzalo Álvarez Tostado,
Pablo Goldin Marcovich

Construcción Construction:
Grupo Impulsa
Estructura Structural Engineering:
CDI
Instalaciones Installations:
JBA Soluciones
Iluminación Lighting Design: Brimare
Paisaje Landscaping:
Jardines Rodrigo de la Macorra

Departamentos DRL
MMX + Olga Romano
2015
Equipo de trabajo Project Team:
Eréndira Tranquilino Ortiz
Construcción Construction:
Alpha Hardin
Estructura Structural Engineering:
Vamisa
Instalaciones Installations:
Ingeniería Opción Ecológica
Paisaje Landscaping:
Martha García López

Departamentos DGB
2018
Equipo de trabajo Project Team:
Olivia Hansberg Pastor,
Mariana Braga Martins
Construcción Construction: CM2
Estructura Structural Engineering:
Wassner
Instalaciones Installations: Inversa
Paisaje Landscaping: Entorno

Departamentos DPS
MMX + Olga Romano
2017
Equipo de trabajo Project Team:
Olivia Hansberg Pastor,
Mariana Braga Martins
Construcción Construction:
Alpha Hardin
Estructura Structural Engineering:
Vázquez Martínez Ingenieros
Instalaciones Installations:
Saúl Perea
Paisaje Landscaping:
Martha García López

Alejandra Aguirre Rentería
Laura Alonso Blasco
Gonzalo Álvarez Tostado
Nicolás Backal Stavchansky
Jareth Barrón Álvarez
Mariana Braga Martins
Pia Brückner
Juan Calanchini González-Cos
David Camarillo Mendizábal
Mariel Collard Arias
Melissa Delgado Ceballos
Valeria Fernández Segura
María Galguera Meza
Lucía García Jiménez
Pablo Goldin Marcovich
Diego González Albarrán
Daniel González Alonso
Gabriel González Pérez
Amanda González Sánchez
Olivia Hansberg Pastor
Ariadna López Almaraz
Luis Márquez Galué
Francisco Martínez Sánchez
Javier Moctezuma Mendoza
Diana Monroy Guevara
Laura Montaño Espinosa
Erick Montes de Oca
Karla Morales Rodríguez
Claudia Nápoles Vilalta
Lesly Noguerón Maldonado
Ana Nuño de Buen
Cecilia Pardo Rojo
Federico Pepe
Eduardo Pesado Santiago
Zabdiel Ramos Banda
Natalia Rello Rosas
Andrés Salinas Popp
Jorge Sánchez Aldama
Andrés Soliz Paz
Celine Tcherkassky
Eréndira Tranquilino Ortiz
Santiago Vázquez Díaz

Simbología Legend

p.p. 13, 18, 33, 40, 51, 64, 74, 81,
93, 98, 115, 142, 151, 163, 173,
189, 194, 202, 215, 222, 235, 245.

Norte
North

Accesos
Entrances

Circulaciones verticales
Vertical circulations

Circulaciones horizontales
Horizontal circulations

Servicios
Services

Estrategia base
Base Strategy

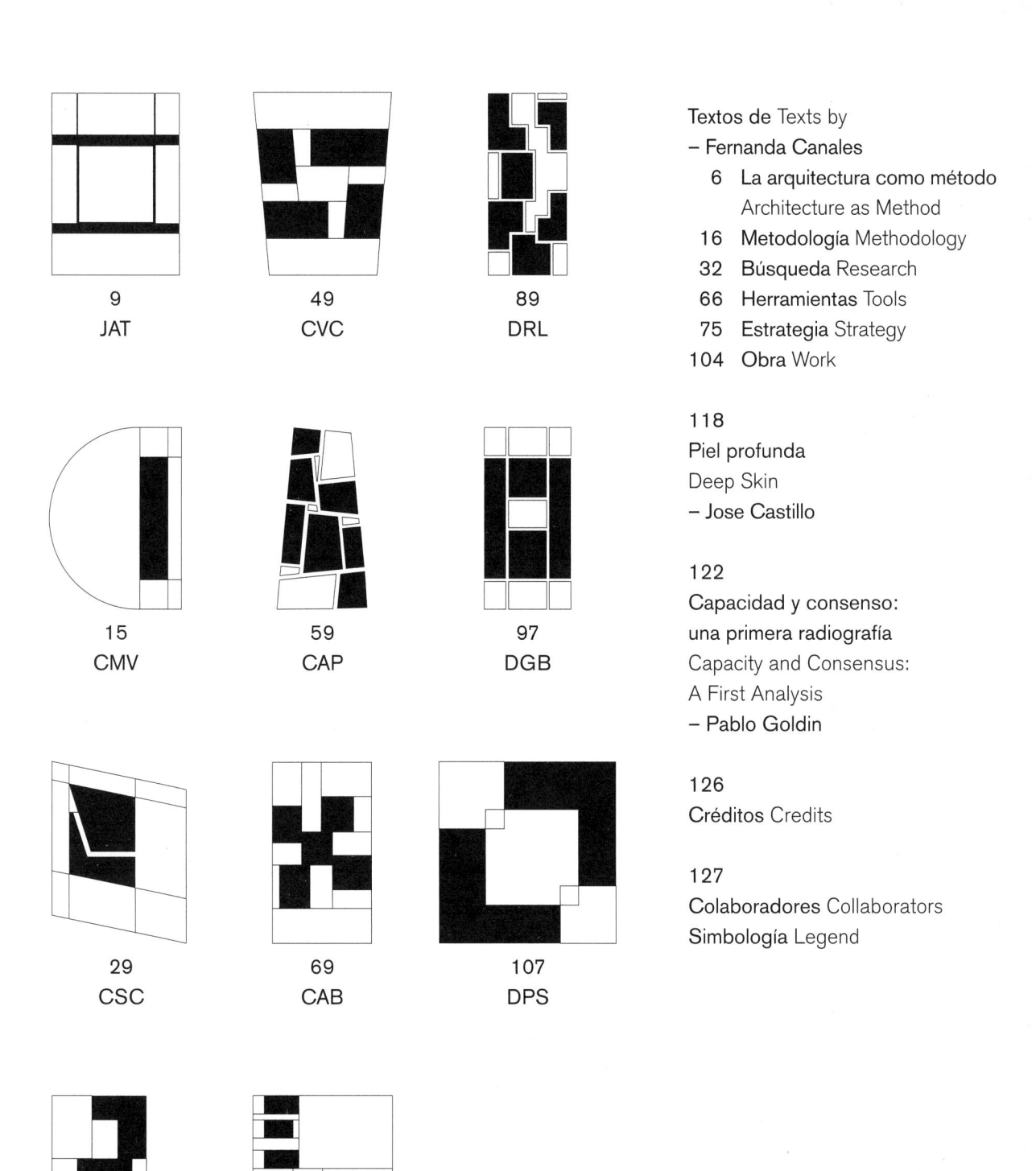

9
JAT

49
CVC

89
DRL

15
CMV

59
CAP

97
DGB

29
CSC

69
CAB

107
DPS

37
CBC

79
CMR

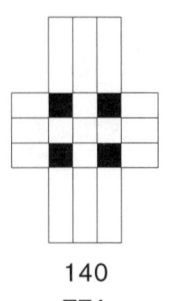

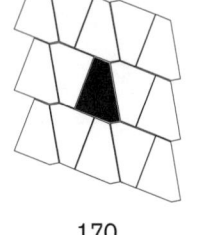

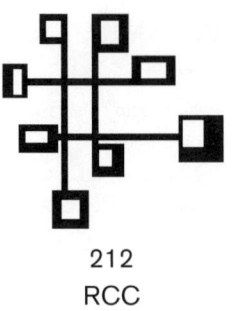
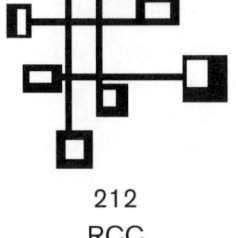

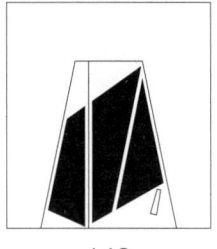

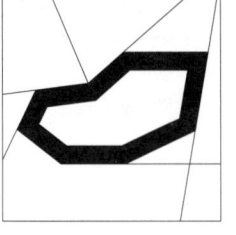

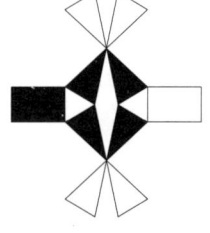

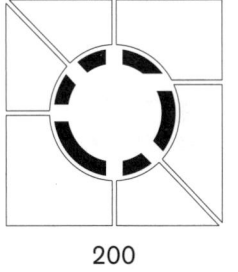

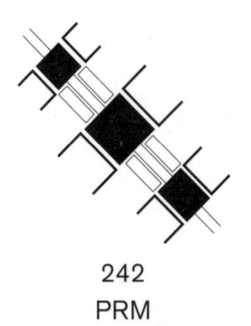

Sobre MMX

Establecido en 2010, Estudio MMX nace como un equipo colaborativo con sede en la Ciudad de México, enfocado en los procesos de diseño para la diversidad de escalas del territorio. Fundado por Jorge Arvizu, Ignacio del Río, Emmanuel Ramírez y Diego Ricalde, busca una práctica de participación, cuyo trabajo, síntesis de la estructura del equipo, promueve la consolidación de su experiencia a través de una dinámica colectiva.

Con un enfoque abierto a cualquier escala de intervención, Estudio MMX desarrolla propuestas que van desde el diseño de instalaciones hasta la arquitectura y el urbanismo, y reconoce en cada proyecto un reto único por su contexto físico, económico, político y social.

About MMX

Established in 2010, Estudio MMX is a collaborative practice focused on design processes for projects on diverse scales. Founded by Jorge Arvizu, Ignacio del Río, Emmanuel Ramírez and Diego Ricalde, the studio prioritizes participation, and its work—a synthesis of the team's structure—promotes the consolidation of its experience through a collective dynamic.

Open to all scales of urban designs, Estudio MMX works on proposals that range from installation designs to architectural and urbanism developments, approaching each new project as a unique challenge posed by the particular physical, economic, political and social context.

Terraza TEA
2010
Equipo de trabajo Project Team:
Eréndira Tranquilino Ortiz
Construcción Construction:
MMX / Insitu
Paisaje Landscaping: Entorno

Pabellón ECO
2011
Equipo de trabajo Project Team:
Federico Pepe, Cecilia Pardo Rojo
Construcción Construction:
Tiburcio Casares Torrijos

Pabellón FNO
2011
Equipo de trabajo Project Team:
Javier Moctezuma Mendoza
Construcción Construction:
MB Museografía

Pabellón LIGA
2013
Equipo de trabajo Project Team:
Eréndira Tranquilino Ortiz, Mariel
Collard Arias, Celine Tcherkassky
Construcción Construction:
MMX / Voluntarios Trienal de Lisboa

Pabellón FCA
2015
Equipo de trabajo Project Team:
Mariel Collard Arias, Gonzalo Álvarez
Tostado, Diego González Albarrán,
Zabdiel Ramos Banda
Construcción y estructura
Construction and Structural Engineer-
ing: EME Producciones / Casares

Estrategia Puerto Helsinki, HSH
2011
Equipo de trabajo Project Team:
Federico Pepe, Javier Moctezuma
Mendoza, Humberto Ricalde,
Pia Sarpaneva

**Estrategia Bordes Ciudad
Universitaria, CU**
2012-2018
Equipo de trabajo Project Team:
Pablo Goldin Marcovich,
Daniel González Alonso,
Diego González Albarrán

Red Cultural Centro, RCC
2012
Equipo de trabajo Project Team:
Olivia Hansberg Pastor

Plan Circuito Jardín, PFC
MMX + ERREqERRE
2016
Equipo de trabajo Project Team:
MMX - Mariana Braga Martins, Laura
Alonso Blasco, Daniel González
Alonso, Ariadna López Almaraz |
ERREqERRE - Rafael Ponce +
Graciela de Barrio, Ulises Facio,
Lizbeth Ponce
Hidrología Hydrology: Ansberto Cruz
Socialización Socialization:
Agencia Barrio Neri Vela
Paisaje Landscaping:
Genfor Landscaping

Estrategia Regional Jojutla, ERJ
2017
Equipo de trabajo Project Team:
Laura Alonso Blasco, Pablo Goldin
Marcovich, Diego González Albarrán,
Daniel González Alonso, Ariadna
López Almaraz, Zabdiel Ramos Banda
Construcción Construction:
RETRAT, S. A.
Estructura Structural Engineering:
BVG
Instalaciones Services: BVG
Iluminación Lighting Design:
CIGH Team
Paisaje Landscaping: PAAR

Plan Río Medellín, PRM
2013
Equipo de trabajo Project Team:
Mariel Collard Arias, Javier Moctezuma
Mendoza, Nicolás Backal Stavchansky,
Catalina Muñoz Upegui

Sobre academia, sistemas y múltiples escalas
– Elena Tudela

Antes de conocer a MMX, tuve contacto con sus integrantes en el ámbito académico. Como alumnos de la licenciatura de arquitectura, destacaban con frecuencia por la calidad de su trabajo. Al establecer su práctica como oficina, se convirtieron con rapidez en un referente para muchos arquitectos jóvenes, desde mi punto de vista, no sólo por lo propositivo de sus proyectos, sino también por la forma en que incorporaban posibilidades de ejercicio profesional a la actividad académica, condición no poco común, pero que no siempre resulta significativa y exitosa. En fechas recientes, he tenido el gusto de compartir con ellos experiencias docentes que ofrecen una nueva lectura de su trabajo, sesgada en particular por mi interés en el carácter experimental y de investigación de su labor. Desde esta perspectiva escribo aquí acerca de fragmentos de su obra en varias dimensiones.

Si bien sus proyectos no tienen un apego especial a una sola escala, material constructivo o recurso compositivo, existe claridad en la estrategia de planeación de cada uno y en las reglas de exploración, que varían según lo que buscan destacar en contextos específicos. Encuentran ocasión para diseñar desde un plan urbano hasta las páginas de un libro, como éste. En su obra no parece haber una forma única de interpretar y transformar la realidad sino una serie de sistemas que la organizan, la sintetizan y otorgan a cada intervención una capacidad importante de adaptación. Estas reglas ordenadoras de proyecto responden de manera crítica a las pautas establecidas por los concursos, clientes o actores involucrados. Al plantear alternativas para resolver las premisas y preguntas de diseño, consiguen un efecto inesperado. Por otro lado, cada día es más común oír hablar de la importancia de aplicar un pensamiento sistemático al diseño arquitectónico, aunque todavía se desconocen sus implicaciones prácticas. El trabajo de MMX tiene el potencial de aportar al análisis de lo sistemático en el diseño. Cuenta con un número significativo de proyectos y una diversidad de resultados espaciales y materiales concebidos con una metodología que da prioridad a los procesos y relaciones entre componentes por encima de las formas. Esta característica de exploración aleja su trabajo de fórmulas espaciales y estéticas fijas y le permite atrevimiento y libertad compositiva.

En ninguna escala de intervención y proyecto la metodología del estudio y su exploración estética-espacial son más evidentes que en las instalaciones museísticas. Ahí están las semillas de investigación que se ponen a prueba después en otros proyectos. Las intervenciones en el patio del Museo del Eco, en la Ciudad de México, y Liga 12, en Lisboa, son en particular sensibles a la relación entre el contexto y su experiencia transformada, mientras las propuestas para Parsons y el Pabellón FNO experimentan más con los módulos y la agregación variable. En todo caso, las instalaciones de MMX muestran una búsqueda, tal vez de manera tácita, de máximo efecto

de la experiencia con elementos formales mínimos. En mi opinión, las obras de arquitectura temporal expresan con más claridad la aplicación de la investigación como diseño, quizá porque en esta categoría se concentran los proyectos más atrevidos y contundentes.

Es interesante saltar de las instalaciones a sus proyectos de escala urbana, en los que es inevitable perder el control de muchos de los factores que intervienen en el ámbito de lo colectivo y lo público, y entra en juego la complejidad de la ciudad. La mirada del MMX sobre lo urbano parece recurrir de nuevo a lograr un efecto máximo con intervenciones mínimas, en las que pesan mucho más las experiencias y relaciones que las volumetrías arquitectónicas puntuales. De cierta forma, su exploración en esta escala puede asociarse a la escuela de diseño urbano de Manuel de Solà-Morales, en la que los proyectos de ciudad se convierten en instigadores de "urbanidad", fomentan la vitalidad del espacio de uso colectivo, la desindividualización de los edificios y el interés por la piel de la ciudad "hecha de construcciones, texturas, contrastes… de calles y espacios libres, de jardines y muros, de perfiles y vacíos".[1] En el trabajo de MMX en este terreno se diluyen los límites entre arquitectura, paisaje y urbanismo para dar cabida a lógicas consistentes y controlables que fortalecen energías existentes en los sitios, cuya identificación y consideración produce resultados impredecibles. Este tipo de diseño urbano, que se concentra más en el potencial para generar dinámicas de vitalidad que configuraciones rígidas, da cabida a la serendipia y la adaptación en el tiempo. Entre las estrategias de sus proyectos urbanos, destacan disolver o entretejer los bordes con el resto del tejido, como el proyecto para la Ciudad Universitaria de la Universidad Nacional Autónoma de México, o conectar condiciones preexistentes, como en el proyecto para el Ferrocarril de Cuernavaca o el Plan Río Medellín.

De cierta forma, cada proyecto, en especial las instalaciones e intervenciones urbanas, expresa una lectura sensible, crítica y fresca del contexto, que abre las puertas a la exploración material y espacial cuidadosa y juguetona. El acercamiento de su práctica a la academia, que hace de aquélla su laboratorio, me parece fundamental por su energía de experimentación. Esta cualidad les permite mantener una actitud curiosa, en ocasiones provocadora y crítica, que los coloca en el mapa disciplinario contemporáneo mexicano, al mismo tiempo que su quehacer continúa despertando el interés e inquietud de arquitectos jóvenes por unirse a sus filas.

1
Manuel Solà-Morales, Hans Ibelings y Kenneth Frampton, *De cosas urbanas*, Barcelona: Gustavo Gili, 2008, p. 23.

On Academia, Systems and Multiple Scales
– Elena Tudela

Before coming to know of MMX, I had met its members in an academic context. As undergrad students of architecture, they often stood out for the quality of their work. When they established their practice, they quickly became a reference point for many young architects, in my view, not only because of the proactive character of their projects, but also for the way in which they incorporate their professional practice into academic activity, an unusual situation and one that is not always successful. Recently, I've had the pleasure of sharing teaching experiences with them that offer a new reading of their work, guided in particular by my interest in the experimental and research-based character of their work. It is from this perspective that I write here about fragments of their work in different dimensions.

While their projects don't stick to a single scale, construction material or design resource, in each there is clarity in the planning strategy and rules of exploration, which vary according to what they seek to emphasize in specific contexts. They find opportunities to design everything from an urban master plan to the pages of a book like this one. Their work doesn't appear to take a single approach to how it interprets and transforms the world, but a series of systems that organize and synthesize it, thereby granting each intervention a significant adaptive capacity. These rules underlying the project respond critically to the guidelines established by the competitions, clients or other stakeholders involved. By proposing alternatives to resolve the design premises and questions, they achieve an unexpected effect. On the other hand, it is increasingly common to hear about the importance of applying systematic thought to architectural design, even though its practical implications remain unknown. The work of MMX has the potential to contribute to the analysis of systematic design. It has completed a significant number of projects and has a diversity of spatial and material results conceived with a methodology that gives priority to the processes and relationships between components over and above forms. This explorative character distances its work from fixed spatial and aesthetic formulae and enables a bold and unconstrained design.

The methodology of the studio and its aesthetic and spatial exploration are never more evident than in their museum installations. Therein lie the seeds of ideas that are subsequently put to the test in other projects. The interventions in the courtyard of the El Eco Museum in Mexico City and at Liga 12 in Lisbon are particularly sensitive to the relationship between the context and the transformative experience, while the proposals for Parsons and the FNO Pavilion experiment further with modules and variable aggregation. Throughout, the installations of MMX display, perhaps tacitly, a quest for the maximum effect as an experience using the minimum formal elements. In my view, temporary works of architecture express all the more

clearly the application of research to design, perhaps because it is a category of work that brings together the boldest and most striking projects.

It is interesting to move from installations of this type to urban-scale projects, where it is inevitable to lose control of many of the factors impacting on public space, amidst all the complexity of the city. MMX's approach to the urban realm appears to resort once more to achieving the maximum effect with minimum intervention, with experiences and relationships acquiring far more weight than specific architectural volumes. In a sense, the studio's explorations on this scale may be connected to the urban design school of Manuel de Solà-Morales, in which city projects becomes drivers of "urbanity," fostering the vitality of public space, de-individualization of buildings and an interest in the skin of the city "made of constructions, textures, contrasts... of streets and open spaces, gardens and walls, profiles and voids."[1] In MMX's work in this sphere the boundaries between architecture, landscape and urbanism are blurred to make way for consistent and controllable logics that boost the existing energies in the sites, the identification and consideration of which give rise to unpredictable results. This type of urban design, which is more focused on the potential to generate vital dynamics than rigid configurations, makes space for serendipity and adaptation over time. Notable strategies used in their urban projects include dissolving or interweaving the borders with the rest of the fabric, such as the project for the University City campus of the National Autonomous University of Mexico, or linking up pre-existing conditions, as in the project for the Cuernavaca Railroad or the Río Medellín Plan.

In a sense, each project, particularly urban installations and interventions, expresses a sensitive, critical and fresh reading of the context, one which opens the doors to a careful yet playful material and spatial exploration. The proximity of the practice to the academic sphere, for which it functions as a laboratory, is fundamental to this experimental energy. This is a quality that helps them retain their attitude of curiosity, one that is sometimes provocative or critical, and places them on the contemporary map of Mexican architecture while their work continues to attract the interest of young architects eager to join their ranks.

1

Manuel Solà-Morales, Hans Ibelings and Kenneth Frampton, *De cosas urbanas*, Barcelona: Gustavo Gili, 2008, p. 23.

El trabajo en la escala de ciudades y regiones
– Phil Enquist

Nuestro futuro es urbano

Vivimos en una época de cambios significativos. La atención de numerosos aspectos de la vida humana está cambiando del individuo a las interacciones y relaciones de las comunidades más grandes. Está surgiendo una economía de compartir automóviles, materiales, herramientas y viviendas, y otra de cero residuos, con productos y materiales que duran más de un solo uso. Nos encontramos ante el reto de aprender a aprovechar los recursos infrautilizados y a convivir de manera más positiva. Construir mejores ciudades y regiones, y lograr una vida de alta calidad dentro de una economía compartida es el desafío de nuestra generación.

Cada 12 o 14 años se suman al mundo mil millones de personas. Para 2023 habrá sobre la Tierra ocho mil millones de individuos y la mayoría vivirá en una ciudad. Las megaciudades, como la Ciudad de México, seguirán creciendo de manera dramática. Asimismo, somos testigos del fenómeno sin precedentes de la migración hacia las urbes de comunidades rurales o motivada por crisis climáticas y políticas. Las estadísticas muestran que cada semana tres millones de personas emigran a las ciudades.

Con nuestras acciones diarias le damos forma al planeta. ¿Podemos moldearlo de modo positivo, fortalecedor, extraordinario? Conforme nos enfrentamos a este desafío junto a las comunidades científicas y de diseño, vemos que surgen ideas interesantes e innovadoras.

Creo que estamos ante seis puntos de inflexión que nos confrontan con los avances que estamos logrando:

1. Ecología: restaurar los sistemas naturales del planeta.
2. Habitabilidad: hacer que las ciudades sean humanas y sanas.
3. Energía: lograr producir energía gratuita, limpia y que dure "para siempre".
4. Movilidad: transitar a sistemas que se autogestionen y se autoorganicen.
5. Tecnología: vivir más allá de lo que podemos imaginar hoy.
6. Materialidad: inventar una nueva generación de materiales de construcción de bajo contenido energético.

Con esto en mente, observamos el trabajo que MMX lleva a cabo y encontramos convergencias notables. MMX está hecho de "pensadores" urbanos que reimaginan lo que es posible y unen los puntos entre las misiones para un futuro cercano y las ambiciones a largo plazo. Como diseñadores de los bosquejos para nuestro futuro urbano, el interés de MMX gira en torno a la innovación y la inspiración.

En la reformulación del puerto de Helsinki, del río que cruza Medellín o Jojutla, o en el conjunto de espacios públicos de la Ciudad de México, se percibe que MMX toma aquellos recursos urbanos, aun así naturales, que están aislados y a menudo han sido ignorados, los redefine y aprovecha al máximo ciertas conexiones para lograr un listado de beneficios comunita-

rios a lo largo y ancho de la ciudad. Es un enfoque del urbanismo que intenta obtener más a partir de menos, que echa mano de lo que está ahí para favorecer a más gente y que la naturaleza siga su curso de forma más sana.

Nuestras ciudades crecen y la vida urbana no tiene por qué deteriorarse, puede mejorar. La densidad puede enriquecer una ciudad. Los terrenos infrautilizados o desperdiciados por la industria o estrategias de uso único ya no son rentables. Dar un uso renovado, con estándares más altos, a vías de tren, confines universitarios o puertos industriales es la manera de hacer que las ciudades no sólo sean más vivibles, sino más interesantes y diversas.

¿Puede una ciudad darse el lujo de no tener acceso a 70% de su zona costera industrializada, como en el caso de Helsinki? Hace más de 100 años, Chicago decidió que sus 32 millas de litoral serían de acceso público y cívico, un espacio de la más alta calidad para uso recreativo y cultural. Esa decisión dio lugar al mejor recurso de esta región urbana. MMX propone a Helsinki pensar en forma similar y contemplar una estrategia más allá de un uso único para la zona marítima, clave en la ciudad: ampliar las orillas, abrir espacios culturales, extender los parques existentes y mantener a su vez la industria. Esto demuestra un modo innovador de progresar, dar mejor uso y fortalecer el corazón cívico de la ciudad.

Con frecuencia, las ciudades se transforman en "cilindros de excelencia", en los que ciertos aspectos o zonas son maravillosos, pero se encuentran aislados, al alcance de unos pocos o desconectados por completo de la dinámica de la gran ciudad. El laboratorio de ideas de los diseñadores de MMX parece notar por instinto los recursos más importantes dentro de la estructura de una urbe. A partir de ahí, los une y destaca los aspectos positivos, repiensa el significado de lo privado y lo público, evalúa lo que no se aprovecha y como utilizarlo. Es fundamental que los equipos de diseñadores cuenten con la capacidad de acercarse y alejarse, de visualizar los elementos y cómo pueden conectarse.

A medida que entramos en el futuro del siglo XXI, nos haremos preguntas que apunten a desafíos específicos, por ejemplo: ¿seguiremos viajando para ir a trabajar? ¿De dónde provendrá nuestro alimento? ¿Cuán inspiradora y enriquecedora será la vida de nuestros hijos? ¿Cuán sanos serán nuestros sistemas naturales? ¿Habremos eliminado por completo la noción de desperdicio? El equipo de MMX nos incita a pensar en grande, a ir más allá de los problemas que surgen a diario en nuestras oficinas y a soñar de modos distintos. Nos ayuda a vislumbrar la manera de avanzar ante la complejidad de las ciudades y la vida urbana.

Buckminster Fuller preguntó: "¿cuán grande se puede pensar?". Carl Sandburg afirmó: "¡nada ocurre a menos que lo soñemos primero!". MMX propone: "repensemos nuestras ciudades para construir un bien público mayor". Éste es el tipo de idea que nos motiva y que necesitamos a medida que continuamos definiendo y dando forma a nuestro futuro urbano.

Our Future is Urban

We are living in a time of significant change. Most aspects of human life are shifting from the focus on the individual to the interactions and relationships of larger communities. A shared economy of cars, materials, hardware, housing and a circular economy of zero waste and life of products and materials beyond one use is emerging. We are challenged to learn how to leverage underutilized assets and live together in more positive ways. Building better cities and regions and realizing a high quality of life in a shared economy is THE challenge for our generation.

A billion people are added to the planet every 12-14 years. By 2023 we will reach 8 billion people on the Earth and most will be city dwellers. Megacities, such as Mexico City, will continue to experience dramatic growth. In addition, we are witnessing unprecedented urban migration into cities from rural communities due to climate or political challenges. Statistics show us that 3 million people move into cities every week.

We shape the planet through our everyday actions. Can we shape it in ways that are positive, restorative and remarkable? As we put this challenge forward to the design and science communities, we see interesting and innovative ideas coming forward.

I believe we are facing six "tipping points" that are challenges we are advancing on:

1. Ecology…Restoring the Earth's natural systems
2. Livability…Making cities human and healthy
3. Energy…Achieving free, clean and "forever" energy
4. Mobility…Moving to self-driving and self-organizing systems
5. Technology…Living beyond what we can imagine today
6. Materiality…Inventing the next generation of low embodied energy building materials

If you take these six challenges, and then look at the work of MMX you see remarkable parallels. MMX are city "thinkers." Reimagining what is possible, connecting dots between near-term missions and long-term aspirations. As designers developing a sketchbook for our urban future, MMX has a focus that hinges on innovation and inspiration.

The rethinking of the Helsinki Harbor, or the river through Medellin or Jojutla, or the collection of public spaces through Mexico City, MMX takes the isolated and often underutilized urban yet natural assets, redefines them and leverages connections to achieve a full range of citywide and community benefits. It is a view of urbanism that tries to get more out of less, leverage what is there in ways where more people can benefit, and nature will be healthier.

As our cities grow, urban life does not have to deteriorate, it can be better. Density can make cities better. Wasted and underutilized lands due

to industrial use or single-use strategies are simply not affordable any longer. Leveraging rail lines, or university borders, or industrialized ports to higher and better uses is the way to make cities more livable, more mixed and more interesting.

Can a city afford to have 70% of its industrialized waterfront be inaccessible, as in Helsinki? Over 100 years ago, Chicago decided that its 32 miles of waterfront would be public and civic, the highest-quality public spaces coming together with recreation and cultural uses. That decision, made so long ago, has created the Chicago waterfront as the greatest single asset for this urban region. MMX is challenging Helsinki to think similarly, beyond a single-use strategy for its key waterfront area of the city. Expanding the water edges, opening up new cultural spaces, extending existing parks while maintaining industry is an innovative way forward to achieve better use and strengthen the city's civic heart.

Similarly, looking at the rivers through Jojutla or through Medellin is a way to rediscover long forgotten assets. These rivers have been abused by industry and waste. These natural assets can be restored and bring cities to life, refocus neighborhoods on natural assets and connect up long-isolated districts. Great cities have rediscovered and leveraged their natural water assets to achieve remarkable results. If you look at London and the Thames, Paris and the Seine, Lyon and the recently improved Banks of the Rhone, these rivers have been and should be again the heart of city life.

Cities have evolved so often into "cylinders of excellence," where certain aspects or districts are great but often isolated, available to just a few, or disconnected from major city dynamics. The MMX think tank of designers seems to instinctively see the larger assets in a city's framework and begin to connect the dots, leverage the positives and rethink what is private and what is public, what is underutilized and what could be better. Design teams need the ability to zoom out and zoom in, see assets in ways that can be connected.

As we move into a twenty-first century future we will be asking challenging questions like: Will we still commute to work? Where is our food coming from? How poetic and rich will our children's lives be? How healthy will our natural systems be? Will we have eliminated the concept of waste?

The MMX team inspires us all to think bigger, think beyond the problems that appear daily on our desks and dream in different ways. They are helping to show us the way forward with the complex challenges of cities and urban life.

Buckminster Fuller asked us… "How big can we think?". Carl Sandburg stated… "Nothing happens unless first we dream!". MMX challenges us to… " Rethink our cities to achieve greater public good". These are the inspired reminders that we need as we continue to define and shape our urban future.

Terraza TEA
Ciudad de México, México
2010

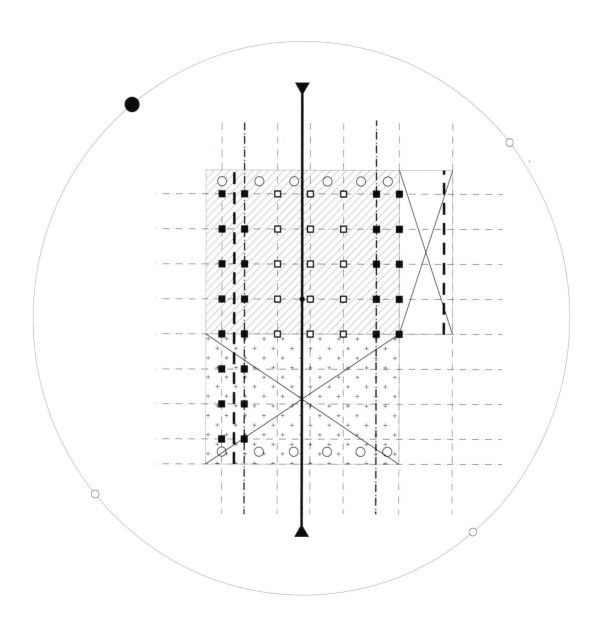

Terraza TEA fue uno de los primeros proyectos que realizamos y en ese momento, de manera inconsciente, ya nos salíamos de lo que nos pedían: sólo nos solicitaron un deck para colocar un asador y creamos un velo para filtrar la vista a todas las colindancias vecinas.

Terraza TEA was one of our first projects, and we were already instinctively going beyond the initial brief: to make a deck for an outdoor grill. We ended up adding a "veil" to filter views from the terrace onto the adjacent properties.

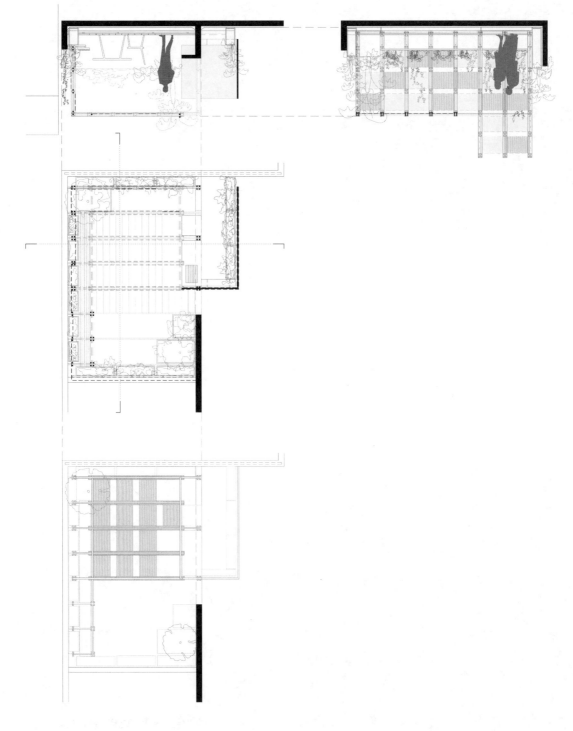

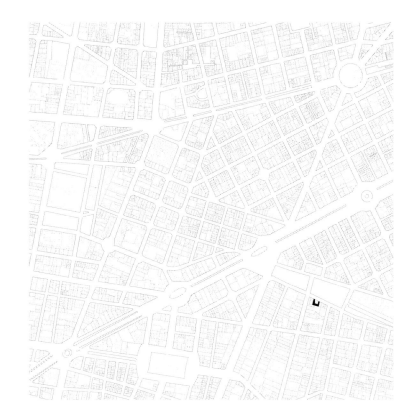

Pabellón ECO
Ciudad de México, México
2011

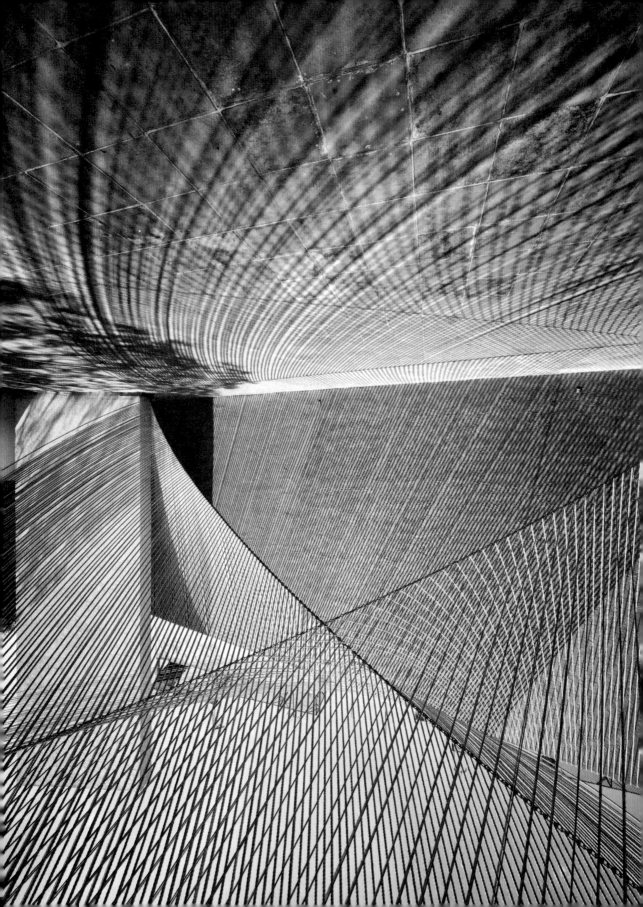

Contenido

Para MMX todo lo que se hace en la oficina tiene que ir más allá del propio terreno en el que se ubican las obras. Aunque su trabajo tiene una condición objetual muy definida, siempre responde a cuestiones topográficas o geométricas que parten de las condiciones del sitio y tienen una función dentro de un sistema más amplio. Es decir, no ven los proyectos como algo independiente y por lo tanto no los analizan de manera aislada.

Les gusta decir en broma que "siempre hacen pipí afuera de la bacinica". Es decir, que en su trabajo siempre hay una voluntad de abarcar lo que está pasando alrededor, tanto física como conceptual y temporalmente; entender todas las circunstancias en las cuales se desenvuelve un proyecto. En su labor es fundamental descartar las acciones de diseño que no nazcan de lo que las contiene. Todo debe estar relacionado con lo que rodea el proyecto, en relación con los gradientes que existen entre el contenido y el contendor, en una continua transición de escalas y tiempos.

Quizás en las obras de dimensión urbana esto es más claro, pero incluso las pequeñas instalaciones nunca hablan de sí mismas, siempre están hechas en función del espacio en el que suceden, ya sea en una pequeña intervención o en el espacio de una ciudad. En ese sentido, su trabajo se opone al divorcio que por lo regular existe entre una obra y su medio natural, y entre una obra y las acciones cotidianas que alberga. Su compromiso está en establecer una mayor conexión entre edificios y vecinos, y en fomentar encuentros e interacción social.

Contents

For MMX, all of the studio's work must go beyond the actual construction site. Although their work has well-defined objectives, it always responds to local topographical or geometric conditions and operates within a broader system. In other words, they do not see projects as independent and therefore they do not analyze them in isolation.

MMX like to joke that they "always pee outside the bowl" —that in their work they always want to encompass what is happening beyond, both physically and conceptually, and to understand all the circumstances impacting on a work of architecture. For MMX, no design elements should exist unless they are born of their surroundings; everything must be related to the project's context, in connection to the various gradients that exist between the contents and the container, in a continuum of scales and timeframes.

Perhaps this is more evident in urban-scale projects, but even their small installations are never self-defined; they are always built around the space in which they exist, whether in the case of a small intervention or in a city space. Therefore, their work avoids the urban disconnection that often exists between a construction and the natural environment, and between a construction and the daily activities that take place there. They are committed to strengthening connections between buildings and their neighbors, and to encouraging encounters and social interactions.

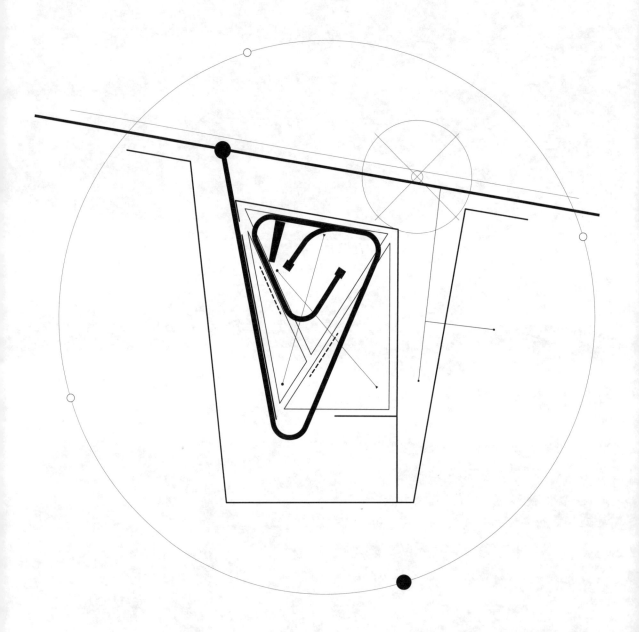

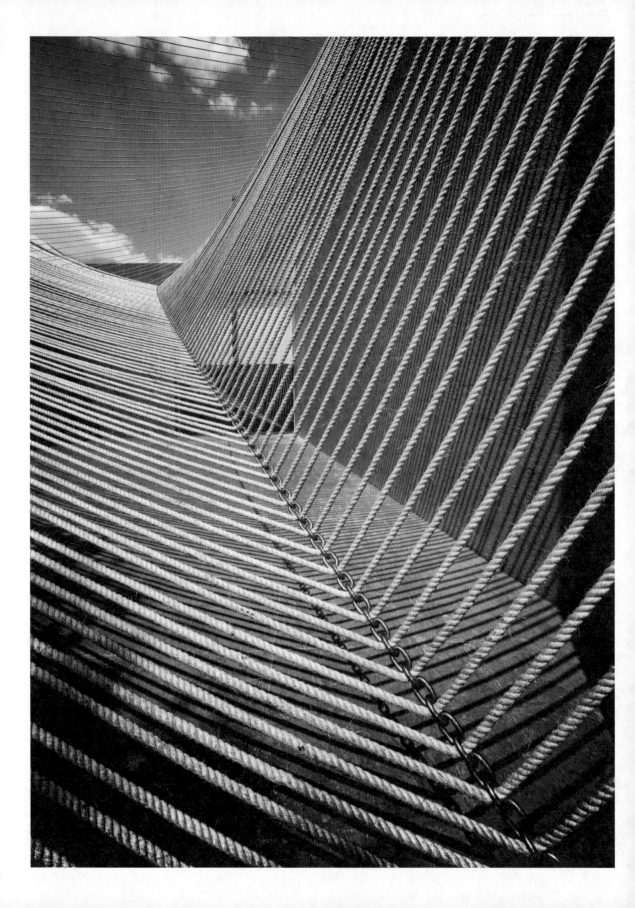

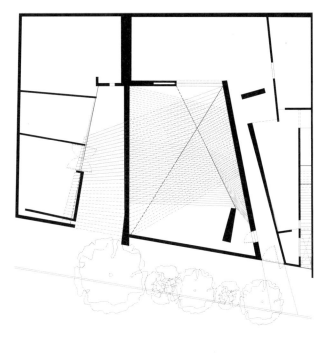

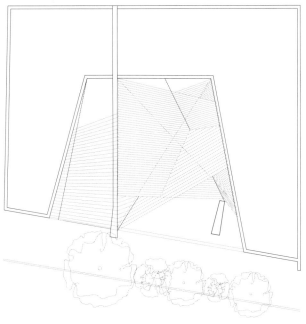

0
1
2.5
5

10 m

Pabellón FNO
Ciudad de México, México
2011

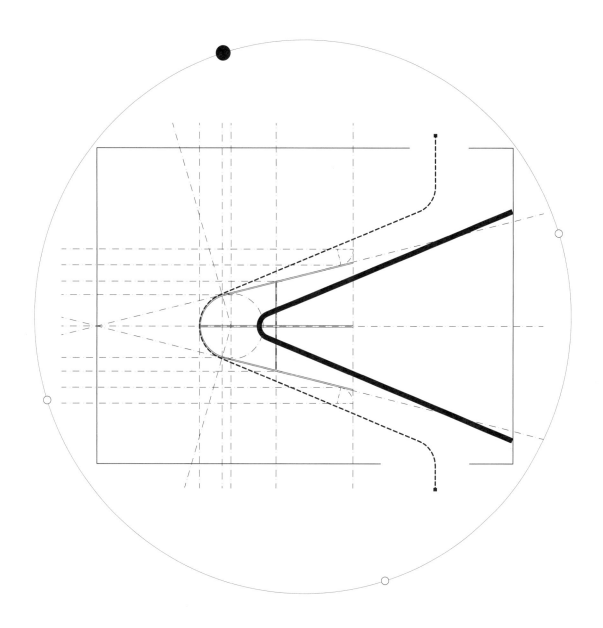

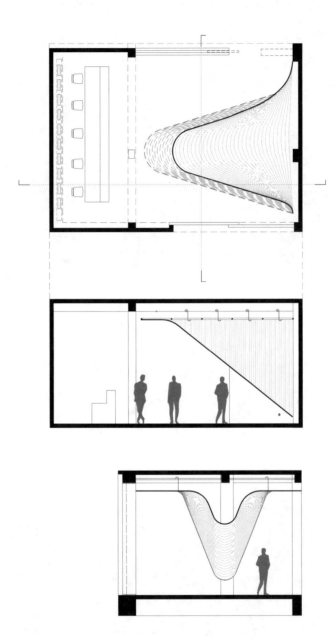

Cuando nos invitan a participar en instalaciones para galerías o museos, y nos piden una
pieza, como si fuéramos escultores, siempre
contestamos que somos arquitectos y lo más
que podemos hacer es intervenir los espacios
para modificar las vivencias o los recorridos.

When we receive invitations to participate in installations for galleries or museums to create a
piece of art, as though we were sculptors, we
always reply by saying that we are architects and
the most we can do is to intervene in the spaces
to alter the experience or circulation.

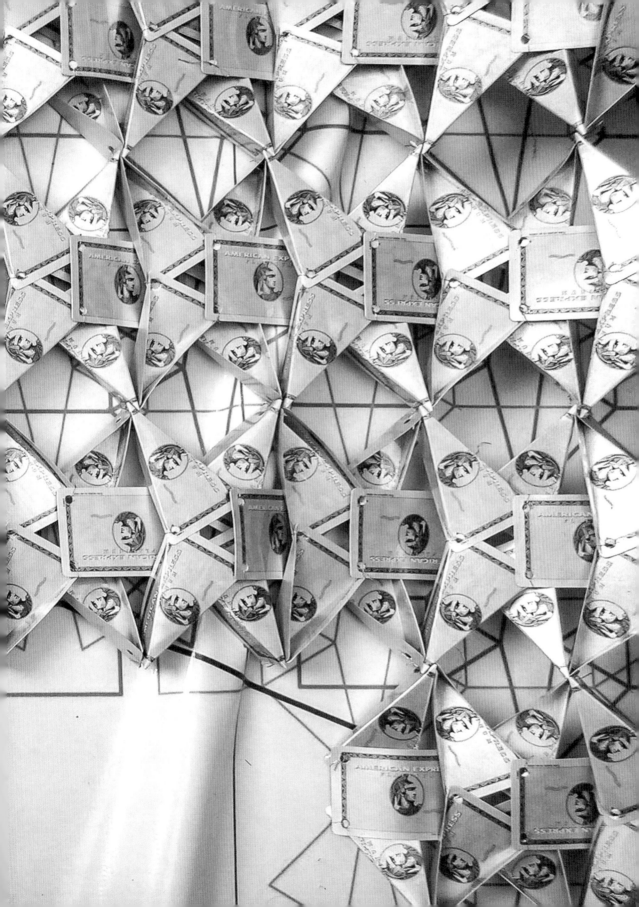

Pabellón LIGA
Lisboa, Portugal
2013

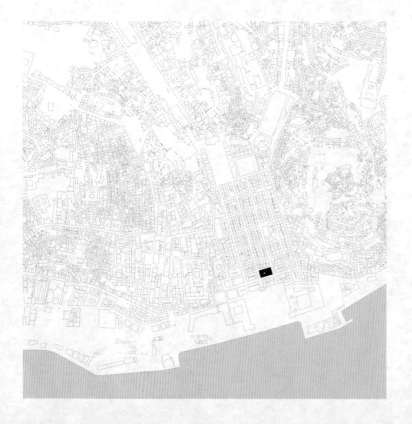

Geometría

En el trabajo de MMX la estructura y la geometría van de la mano. Las estructuras empleadas en los proyectos dependen de la geometría, de entender cómo reaccionan las distintas partes. Utilizan la geometría como una operación casi estructural que sustenta todo y establece un orden. Por ello, buscan ser rigurosos en la integración de la estructura con el espacio.

La abstracción geométrica es parte de su sistema de trabajo. Por medio de la repetición de ciertas operaciones geométricas los espacios adquieren un sentido. Consideran que la palabra geometría está muy devaluada, por lo general se ve como un mal necesario, algo que se relaciona con las escuadras y el compás, pero la etimología de la palabra les resulta interesante porque es la manera en que se mide el mundo, y para ellos ésta es la manera en que se entiende y se puede transformar.

Consideran que la belleza es la coherencia. Comentan: "la geometría es la madre de la belleza. La belleza no debe buscarse como un objetivo, está en diversos ámbitos, a veces está en las relaciones entre cosas, en lo táctil, en el rigor, incluso fuera del proyecto y este simplemente lo logra enmarcar". Lo que buscan con su obra es precisamente manifestar una coherencia de los sistemas que emplean.

Geometry

Geometry and structure go hand in hand in MMX's work. The structures in their projects depend on geometry and on understanding the interaction between the various parts. They use geometry as an almost structural procedure that underlies everything and establishes an order. Therefore, they seek to rigorously integrate the structure as part of the surrounding space.

Geometrical abstraction is part of their working method. By repeating certain geometrical operations, spaces acquire meaning. They believe that the term "geometry" has been devalued and tends to be seen as a necessary evil, something associated with set squares and compasses, yet MMX are drawn to the word's etymology ("measuring the world"), and they consider "the way measurements are taken is the way of understanding how things can be transformed."

They believe that beauty is coherence: "Geometry is the mother of beauty. Beauty should not be an end in itself; it exists in various areas. Sometimes it can be found in the relationship between things, in an object's tactile quality or order; and it can even exist outside the project, which simply manages to frame it." The objective of their work is precisely to express a coherence in the systems that they use.

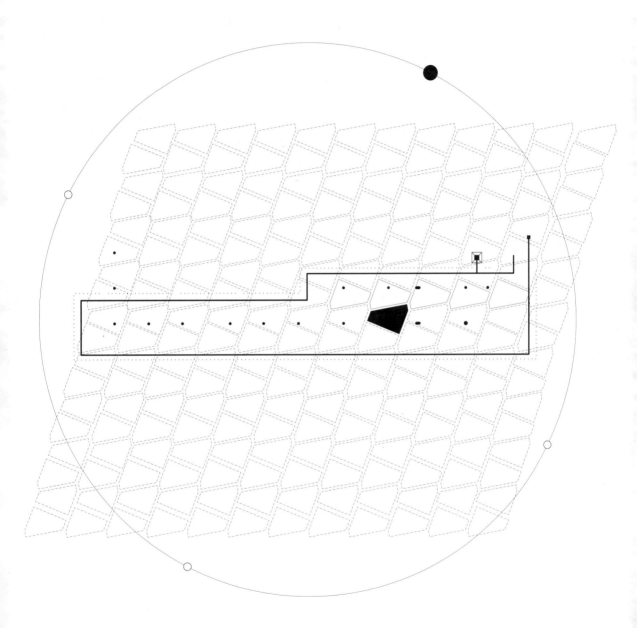

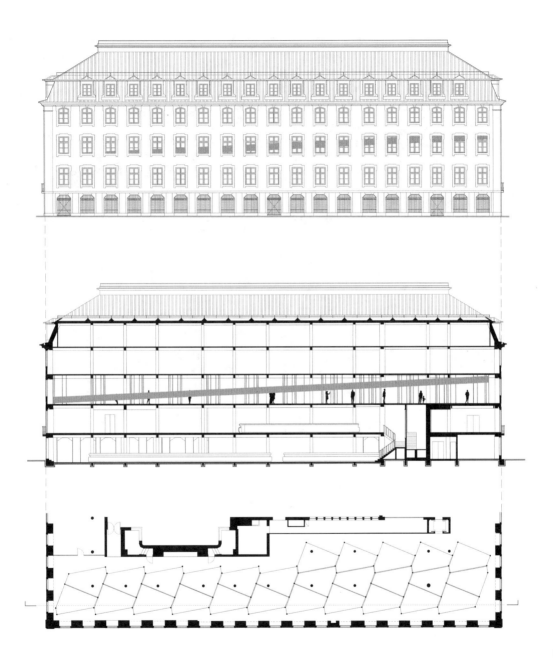

Pabellón FCA
Ciudad de México, México
2015

FCA era un proyecto muy sistemático, muy fractal, con una contundencia en distintas escalas: urbana, arquitectónica y de detalle. Fue un proceso muy corto. Lo desarrollamos en un mes y medio y se montó en cuatro días. Fue ideal en el sentido de no eternizar los procesos y comprobar muy rápido lo que se pensó contra lo que sucedió. Nos permitió evaluar la lógica de un proyecto de forma casi inmediata.

FCA was a highly systematic, fractal project, with a strong presence on various scales: as a work of architecture, within the city, and in the details. The process was very quick. We developed it within a month and a half, and assembled it in four days. This was a perfect way of avoiding a drawn-out process and finding out rapidly how the idea measured up to the reality. We were able to see how the project worked in practice almost immediately.

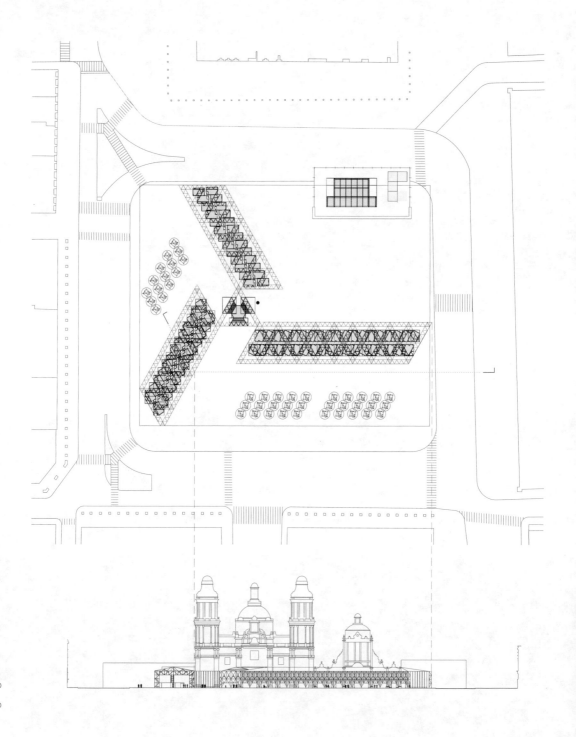

0
10
20

50 m

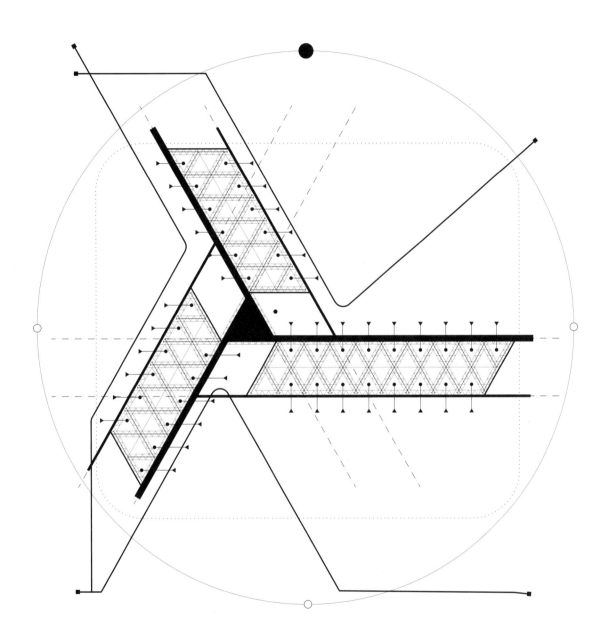

Estrategia Puerto Helsinki, HSH
Helsinki, Finlandia
2011

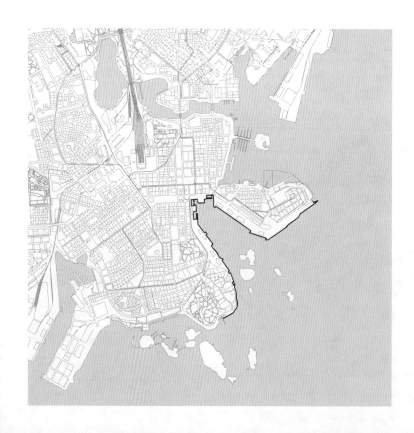

1.

2.

3.

4.

5.

6.

1. Perímetro original de la bahía comparado con el actual. La infraestructura de transporte ha transformado la costa y cerrado el acceso a 70% del frente de agua.

2. La retícula de trazo y orden del proyecto nace de la traza urbana existente.

3. El frente de infraestructura se transforma en un archipiélago que da paso al mar hacia el espacio público de la ciudad.

4. La estrategia crea un sistema de bloques urbanos continuo, que resulta en una transición más coherente entre los bloques urbanos, las islas nuevas y el mar.

5. Con los canales interconectados y las islas, la ciudad recupera el frente de agua como espacio público y accesible.

6. El proyecto fortalece la movilidad a lo largo del borde y articula los transportes terrestres existentes con el sistema de movilidad marítimo.

1. The bay's original perimeter compared to the current one. Transport infrastructure has transformed the coastline and blocked access to 70% of the waterfront.

2. The project's grid shape is based on the existing urban layout.

3. The infrastructure's frontage becomes an archipelago that gives access to the sea around the city's public space.

4. The strategy creates a system of continuous urban units for a more coherent transition between the city blocks, the new islands and the sea.

5. The city regains the waterfront as an accessible, public space thanks to the interconnected canals and islands.

6. The project improves mobility along the waterfront and articulates the existing land transport with maritime transport systems.

En la medida en que el equipamiento portuario ha ocupado la bahía, el potencial de espacio público del borde urbano ha disminuido. En la actualidad, el acceso a dos terceras partes del frente marítimo está restringido y la bahía ha adquirido una imagen e identidad más relacionadas con la infraestructura que con los espacios abiertos y las dinámicas públicas del centro de la ciudad.

¿Cómo pueden replantearse la coexistencia del frente urbano, la infraestructura y el paisaje marítimo? Con casi 1,800 islas, los frentes marinos de Finlandia se repiten y se multiplican. La línea costera posee una geometría que facilita transiciones territoriales sensibles y lógicas. Helsinki puede replicar ese sistema en su puerto con la incorporación de canales, transformar la infraestructura necesaria para la operación en islas y convertir el puerto en un nuevo archipiélago que reincorpore los frentes marítimos a la ciudad.

The expanding port infrastructure in the bay has lowered the public space's potential on the urban waterfront. Access is currently restricted to two-thirds of the waterfront and the bay has developed a more industrial image and identity, lacking the open spaces and public dynamics of the city center.

How can you re-approach the coexistence of the urban context, infrastructure and the seascape? With almost 1,800 islands, Finland has countless, repeating seafronts. The coastline's geometry makes sensitive and logical territorial transitions possible. By incorporating canals, Helsinki can replicate this island system in its port to transform the necessary infrastructure and make the port a new archipelago that reconnects the waterfront to the city.

Cargo traffic exit

Katajanokka

Tahitornin

Katajanokka

Cargo traffic
access way

Kaivopuisto

1	Terminal Olympia (M1)	7	Islas de la Plaza del Mercado				Calles principales
	Olympia Terminal (M1)		Market Square Islands				Main streets
2	Parque Tahitornin Vuori	8	Plaza del Senado	SP	Estacionamiento de corta estancia		Calles propuestas
	Tahitornin Vuori Park		Senate Square		Short-term Port controlled Parking		Proposed streets
3	Satamatalo (M4)	9	Islas Recreativas	LP	Estacionamiento de larga estancia		Senda peatonal
	Satamatalo (M4)		Leisure Islands		Long-term Parking		Pedestrian path
4	Islas de Edificios Públicos	10	Isla Terminal del Este	CP	Estacionamiento de carga y descarga		Ciclovía
	Public Building Islands		East Terminal Islands		Cargo Parking		Bikeway
5	Terminal (M4)	11	Terminal Katajanokka (K8)	PP	Estacionamiento propuesto		Tranvía
	Terminal (M4)		Katajanokka Terminal (K8)		Proposed Parking		Tram
6	Parque Esplanadi	12	Posible extensión del puerto	EP	Estacionamiento existente		Parque
	Esplanadi Park		Possible extension of Port		Existing Parking		Park
							Espacios públicos
							Public spaces
							Puerto
							Port

Estrategia Bordes Ciudad Universitaria, CU
Ciudad de México, México
2012-2018

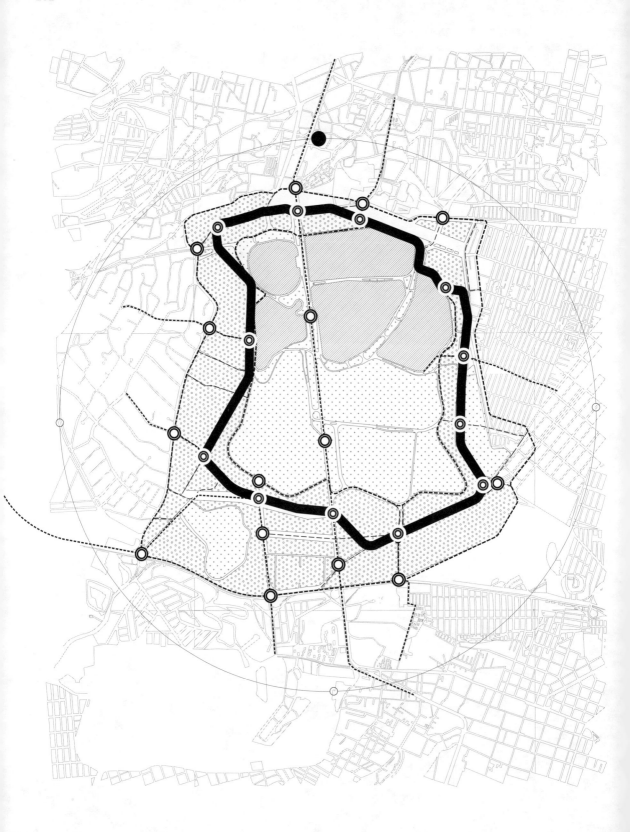

Contexto

Dado que los entornos se transforman continuamente, MMX busca una doble aproximación: por un lado, reflexionar sobre lo que le sucederá al edificio en un futuro, y por el otro, evaluar cómo se insertará el proyecto en un contexto más amplio. Esto refleja su inquietud de ver más allá del terreno en específico, de ver lo que está pasando alrededor del sitio, en la colonia, el barrio, pero también en la ciudad, tanto en relación con las condiciones naturales, como las artificiales y sociales.

Para ellos, el contexto es la guía, es lo que sustenta las decisiones y define las líneas de trabajo, es el primer gran filtro para determinar lo que se debe o no hacer. Los proyectos que consideran más difíciles son aquellos en los han tenido que trabajar sin un contexto específico porque todo es posible, por ejemplo, en una instalación para un espacio vacío.

Les resulta imposible responder a un proyecto si no se inserta en otro sistema. Consideran que éste es su talón de Aquiles, porque parece que no resuelven el problema debido a que se enfocan en un sistema que es más complejo, pero al final es lo que da sentido a su trabajo. No les interesa ver la arquitectura como un objeto autónomo, independiente, cerrado, sino como sistemas abiertos mayores y entender que éstos son el contendor de otras escalas y otras dinámicas.

Context

Given that environments change constantly, MMX takes a two-pronged approach: on the one hand, they reflect upon what will happen to a building over time, and on the other, they assess how it will form part of a broader context. This reflects their interest in seeing beyond the site, and specifically sensing what is taking place around it, in the neighborhood and district, but also in the city, in connection to the surrounding natural, artificial and social conditions.

For them, the context provides guidelines and backs up their decisions, defining their approach to their work; it provides their first main filter and defines what should be done or not. Their greatest challenges have been posed by projects where they have been forced to work without a specific context because everything is possible, such as an installation for an empty space.

They find it impossible to respond to a project if it does not form part of another system. They consider that this has become their Achilles heel, because it appears as though they have not addressed the problem since they focus on a more complex system, but in the end this is what gives meaning to their work. They are uninterested in seeing architecture as an autonomous, independent, isolated object, but instead as open, larger-scale systems, and in the understanding that those systems contain other scales and other dynamics.

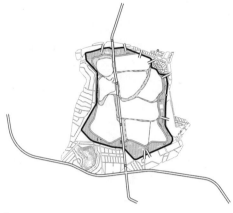

1.

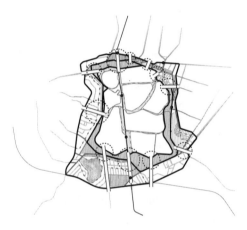

2.

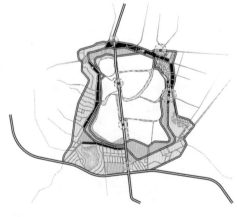

3.

1. Barrera urbana, construida con muros y rejas, con una longitud aproximada de 7 km, que rodea la Ciudad Universitaria.
2. La propuesta contempla tres zonas concéntricas e interconectadas y 11 sitios estratégicos que articularán el campus con la ciudad.
3. La estrategia global de movilidad, densidad y usos refuerza las relaciones entre el campus y la ciudad.

1. An almost seven-kilometer-long urban barrier of walls and wire fences surrounds the University City campus.
2. The design envisages three concentric, interconnected areas, and 11 strategic sites to connect the campus to the city.
3. The global strategy of mobility, density and usages reinforces connections between the campus and the city.

Ciudad de México, 1952

Ciudad de México, 2018

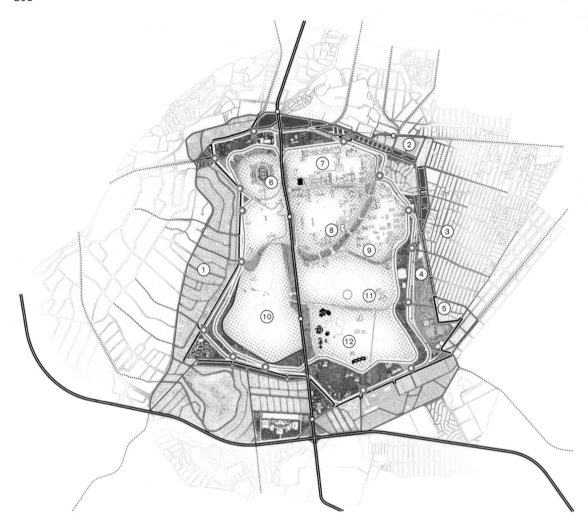

1   Jardines del Pedregal
2   Copilco
3   Pedregal de Santo Domingo
4   Metro CU
5   La Cantera
6   Estadio Olímpico Universitario
7   Campus Central
8   Facultad de Contaduría y Administración
9   Facultad de Ciencias
10 REPSA
11 Facultad de Ciencias Políticas y Sociales
12 Zona Cultural

● Paradas de movilidad propuesta
  Proposed mobility stops

◎ Nodos
  Nodes

O Paradas de Metrobús
  Metrobus stops

■ Uso comercial y servicios
  Retail use and services

- - - - Movilidad - transporte público
  Mobility - Public Transport

▭▭▭ Circuitos
  Circuits

└─┘ Frentes / colindancias
  Frontages / Adjacencies

▬▬▬ Espacio construido propuesto
  Proposed built space

La Ciudad Universitaria (CU) mudó sus aulas del Centro Histórico de la Ciudad de México, en 1954, al interior de una reserva ecológica, con una visión moderna que la definió como un satélite, pero no planeó la aproximación del tejido urbano. Con el tiempo, su perímetro pasó de ser un territorio natural a una barrera urbana de 7 km de bardas que aíslan a la universidad de su entorno.

¿Podemos imaginar estrategias de borde que resguarden la autonomía del campus sin la necesidad de bardas? La concepción de un borde con grosores y permeabilidades variables que rodee la CU con espacios públicos y abiertos, equipamiento y conexiones, plantea un territorio de negociación entre la ciudad y la institución. Al fomentar la interacción de ambos entornos, el campus abandonará su funcionamiento aislado y abrirá lugares de encuentro y solución de conflictos, y contagiará sus dinámicas internas al resto de la ciudad.

The University City (CU) campus moved out of Mexico City's historic center in 1954 and into an ecological reserve. The modernist vision defined it as a satellite, but failed to plan how it would connect to the urban fabric. Over time, its perimeter changed from being a natural territory into a seven-kilometer-long urban barrier, walling off the university from surrounding areas.

Can we imagine strategies for the border that safeguard the campus's autonomy without needing walls? A perimeter of variable thicknesses and permeabilities around the CU—complete with open public spaces, urban infrastructure and connectivity—proposes a dialogue between the city and the university. By encouraging this interaction, the campus will no longer operate in isolation but provide spaces where people can come together and resolve conflicts, and these internal dynamics will have a knock-on effect for the rest of the city.

Red Cultural Centro, RCC
Ciudad de México, México
2012

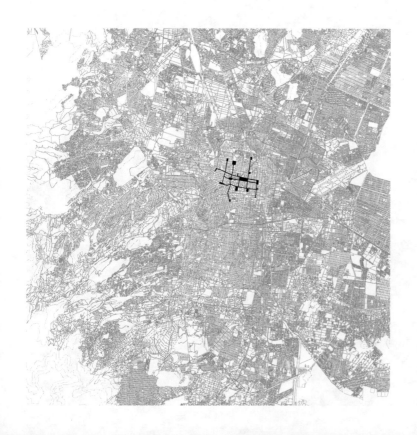

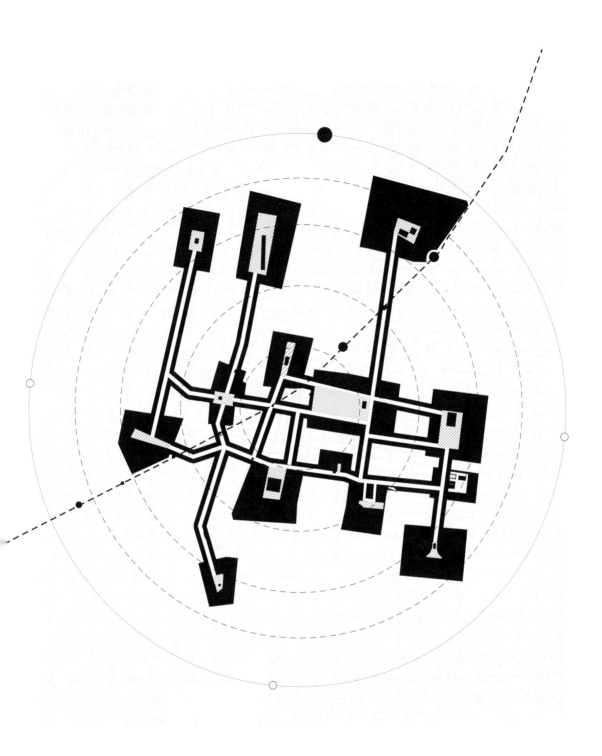

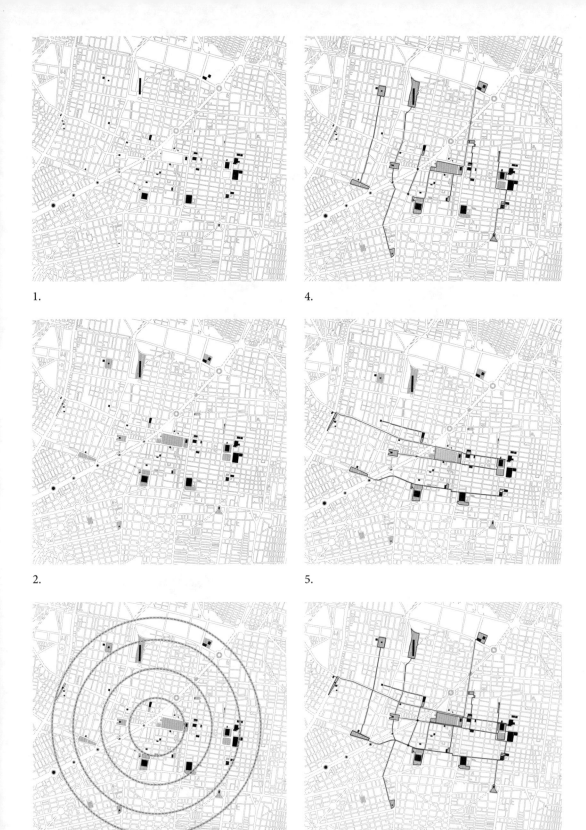

1.

2.

3.

4.

5.

6.

En la universidad nunca aprendes cómo ser una empresa y en los concursos en México no está muy bien establecido cuál es el papel del arquitecto. En la mayoría de las licitaciones, siempre estamos a expensas de las constructoras. Muchas veces, la mitad del trabajo acaba siendo burocracia, trámites. Tenemos que realizar mucho trabajo de autogestión, buscar que se hagan nuestras ideas, generar proyectos.

At university you never learn how to work as a company, and in competitions the architect's role in Mexico is not very clearly defined; in most cases we rely heavily on construction companies. Half of the work often ends up becoming an endless round of bureaucratic processes and paperwork. We have to carry out a lot of self-management and work so that our ideas can take shape, to generate projects.

1. Oferta cultural en colonias centrales de la Ciudad de México.
2. Espacios abiertos y activos relacionados con la oferta cultural en colonias centrales de la Ciudad de México.
3. Radios de distancias caminables de cinco minutos.
4. Puntos de origen y destino, y corredores potenciales Norte-Sur.
5. Puntos de origen y destino, y corredores potenciales Este-Oeste.
6. La combinación de corredores y espacios abiertos de las zonas centrales de la Ciudad de México genera una red en la que interactúan los puntos y se impulsa la oferta cultural.

1. Cultural spaces in Mexico City's central neighborhoods.
2. Open and active cultural spaces in Mexico City's central neighborhoods.
3. Radiuses of distances that are walkable in five minutes.
4. Departure points and destinations, and potential north-south corridors.
5. Departure points and destinations, and potential east-west corridors.
6. The combination of corridors and open spaces in Mexico City's central areas creates a network of interacting cultural attractions.

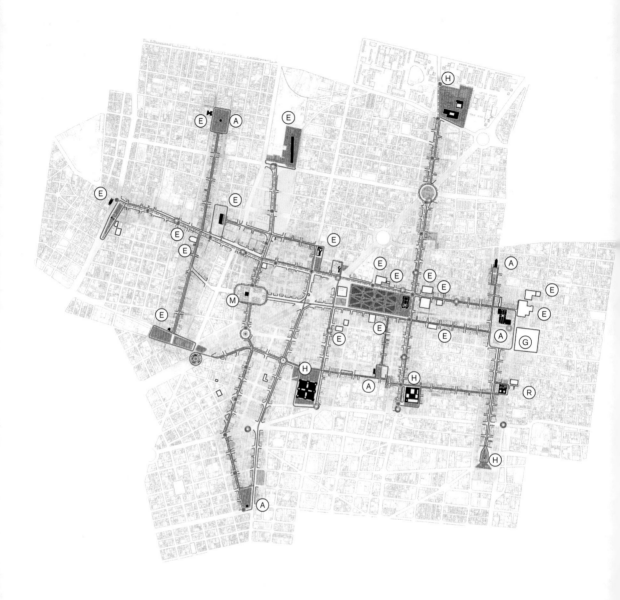

E Educativo / cultural
  Educational / Cultural

C Comercial
  Retail

A Espacio abierto / jardines
  Open space / Gardens

G Edificios de Gobierno
  Government buildings

H Hitos   ● Nodos
  Landmarks   Nodes

Q Equipamiento   ■ Espacios verdes
  Amenities   Green spaces

M Monumento   ▢ Plazas públicas
  Monument   Public squares

En la zona central de la Ciudad de México, los espacios abiertos y sitios dedicados a la cultura son percibidos como aislados e independientes, a pesar de su cercanía y accesibilidad peatonal. En muchas ocasiones, la señalización para localizarlos es escasa o nula; en otras, el tránsito entre los destinos es difícil, cuando no imposible. La maravillosa oferta que conforman pierde relevancia y se limita su potencial.

¿Qué estrategias pueden explotar el potencial y la democratización de la oferta ya instalada?

Es posible relacionar de manera visual y espacial los destinos urbanos con acciones mínimas en la ciudad, como corredores peatonales, ajardinados y con usos afines en las plantas bajas, que revelan con facilidad las trayectorias entre los puntos de interés e incluyen espacios públicos y eventos urbanos, lo que genera un mapa mental de la ciudad más fluido y accesible.

In the center of Mexico City, open spaces and cultural sites are perceived as isolated and independent despite being close to one another and having pedestrian access. Signage is often inadequate or even non-existent, and moving between the different sites is difficult and sometimes impossible. These wonderful places therefore lose relevance and cannot achieve their potential.

Which strategies could make the most of the potential and democratization of the existing cultural offer?

These cultural attractions can be connected visually and spatially through minimal interventions, such as pedestrianized, green corridors with similar uses at the ground level, creating clear links between points of interest and including public spaces and urban events for a more fluid and accessible mental map of the city.

Plan Circuito Jardín, PFC
Ciudad de México, México
2016

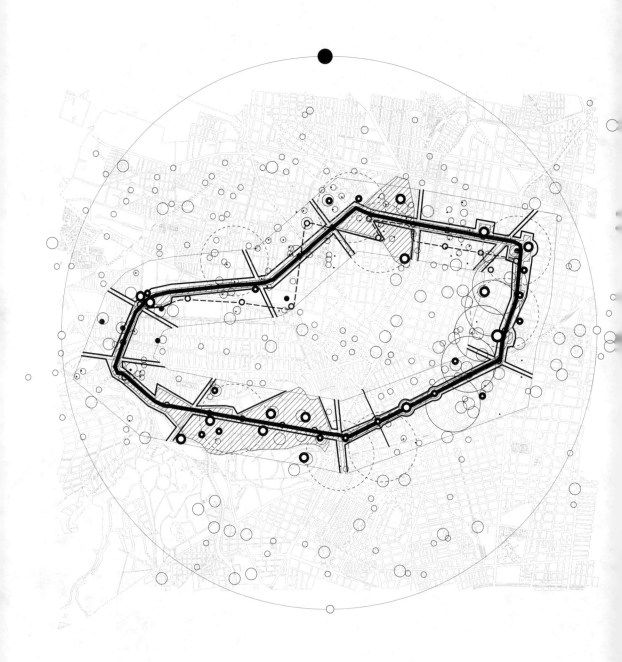

La ciudad está conformada por demarcaciones adyacentes y la mayoría no funciona en conjunto. La comunicación entre una y otra en muchas ocasiones es accidentada. La presencia de infraestructura vial o vías férreas anula por completo la oportunidad de crear una dinámica entre zonas colindantes. La ciudad, producto de la ocurrencia, la no planeación y la improvisación, termina por erigir hitos inaccesibles y barreras, e impedir la continuidad y limitar sus posibilidades.

¿Qué espacios son necesarios para propiciar una ciudad continua, que ligue y fortalezca sus componentes?

La propuesta de consolidar la oferta de espacios y programas de la zona central de la Ciudad de México por medio de un circuito de movilidad muestra una estrategia potente para ligar colonias, sitios relevantes e hitos en un paseo de 15 km —a la vez un dispositivo hídrico y ambiental—, que invita a imaginar la transformación de una ciudad de fragmentos en otra más atractiva y sistémica.

Mexico City consists of adjacent districts but most of them remain separated; connections between them are often patchy. Road and rail infrastructure blocks any possible dynamic of interaction between neighboring areas. The city—a product of ad-hoc, improvised developments rather than urban planning—ends up as a series of inaccessible landmarks and barriers, preventing continuity and limiting possibilities.

What kind of spaces are needed for a continuous city that connects and strengthens its component parts?

Consolidating the offer of spaces and programs of central Mexico City through a mobility loop is a powerful strategy to connect neighborhoods, significant sites and landmarks along a 15-kilometer route, which also serves an environmental and water-management function. This will invite people to imagine the transformation of a fragmented city into a more attractive and systemic urban environment.

1. Distritos muy consolidados de la zona central de la Ciudad de México ofrecen cientos de espacios públicos, destinos culturales y comerciales.
2. Corredores urbanos existentes o en proceso de consolidación, por ejemplo, Paseo de la Reforma, Corredor de Museos, Corredor Carso-San Joaquín.
3. Circuito que conecta y apuntala la oferta de destinos, espacios y movilidad ya instalada.
4. Red de líneas de transporte público y ciclovías que complementa el circuito jardín.
5. Estrategia de paisaje: creación de un arboreto articulado por jardines botánicos que mejoran y definen el carácter de los sectores que atraviesa el circuito.
6. Estrategia de manejo hídrico: recolección, tratamiento y distribución de agua de lluvia, dividido en sectores que fomentan la autosuficiencia del circuito y las zonas cercanas.

1. Densely developed areas of Mexico City's central areas offer hundreds of public spaces, cultural attractions and stores.
2. Existing urban corridors or those currently in development, such as Paseo de la Reforma, the Museum Corridor, and the Carso-San Joaquín Corridor.
3. A loop that connects and supports existing cultural attractions, spaces and transport options.
4. A network of public transport and cycleways that complement the green loop.
5. Landscaping strategy: creating an arboretum connected by botanical gardens that improve and define the character of the different sectors around the loop.
6. Water management strategy: collecting, treating and distributing rainwater, divided into sectors that promote self-sufficiency of the loop and nearby areas.

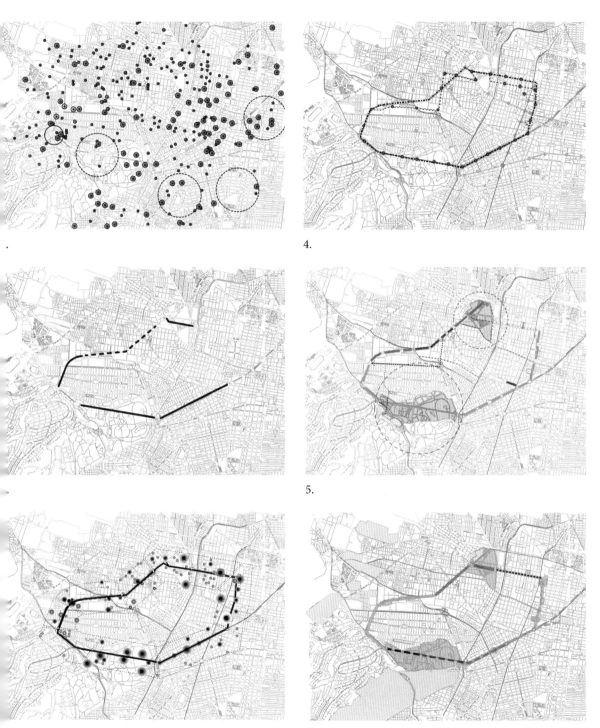

4.

5.

6.

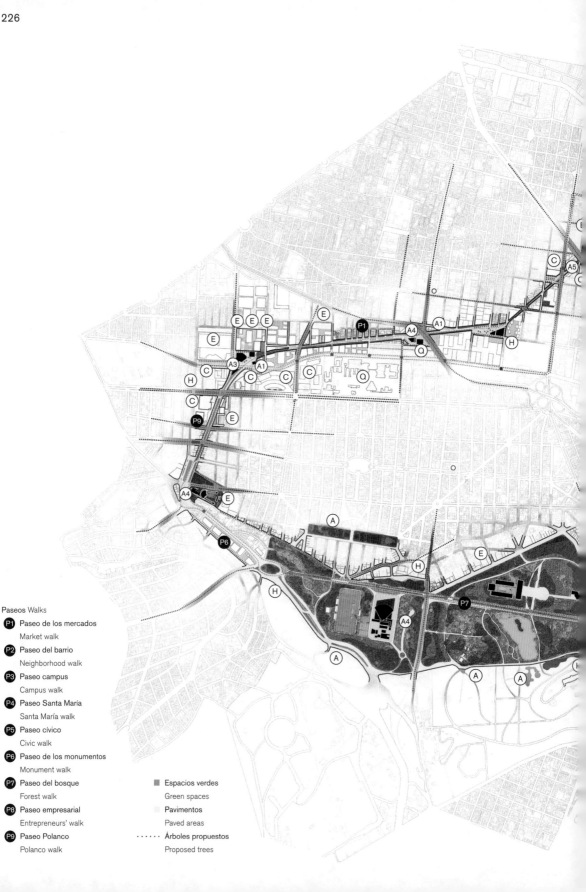

Paseos Walks

P1 Paseo de los mercados
Market walk

P2 Paseo del barrio
Neighborhood walk

P3 Paseo campus
Campus walk

P4 Paseo Santa María
Santa María walk

P5 Paseo cívico
Civic walk

P6 Paseo de los monumentos
Monument walk

P7 Paseo del bosque
Forest walk

P8 Paseo empresarial
Entrepreneurs' walk

P9 Paseo Polanco
Polanco walk

■ Espacios verdes
Green spaces

□ Pavimentos
Paved areas

• • • • • Árboles propuestos
Proposed trees

Movilidad Mobility

◎ M1 metro
    M1 metro
● M2 autobus
    M2 bus
┆ M3 ciclovía
    M3 cycle path

Agua Water

A1 Filtración
    Filtration
A2 Reciclaje
    Recycling
A3 Depósito
    Collection
A4 Recreación-depósito
    Recreation-collection
A5 Canalización
    Channeling

Destinos Destinations

E Educativo / cultural
    Educational / Cultural
C Comercial
    Retail
A Espacio abierto / jardines
    Open space / Gardens
G Edificios de Gobierno
    Government buildings
H Hitos
    Landmarks
Q Equipamiento
    Amenities
M Monumento
    Monument

Sistemas

MMX utiliza la misma metodología para proyectar una casa de lujo que para una palapa de dimensiones mínimas. Se trata de entender cómo quiere vivir cada quien. La idea es potenciar los recursos, "hacer lo más con menos".

Para ellos, no se trata de elaborar el proyecto arquitectónico en sí, sino de crear el sistema de organización necesario para que las cosas sucedan y alcanzar un objetivo mayor. Por ejemplo, hay soluciones que tal vez surgen para el proyecto de una instalación y luego son aplicables a un plan maestro. Su trabajo refleja un mundo de quien ve todo a través de los ojos de la arquitectura, no como edificación sino como sistema de organización, es decir, no ven un árbol como un tronco con hojas encima, lo entienden de manera más compleja, como un sistema estructural, de sujeción, de variabilidad, lo perciben con curiosidad, con el ánimo de entender cómo se estructuran y se engranan los sistemas.

MMX define la arquitectura a partir de cómo se ubica cada elemento en su sitio. La coherencia y la geometría son el camino para buscar una congruencia de la estructura y el programa. Pretenden integrar todas las partes por medio de la geometría, para que cada elemento funcione tanto de manera individual como en el conjunto. Su trayectoria refleja un entendimiento de la arquitectura no como edificación, sino como sistema.

Systems

MMX uses the same methodology whether they are working for someone living in a luxury residence or in the smallest palapa. It is about understanding how each person wants to live. The idea is to leverage available resources, or "to do more with less."

For them, developing projects is not about the architecture itself, but the organization system needed for things to happen and achieve a higher goal. For example, some solutions perhaps start out as installations and are then applicable to a master plan. Their work reflects a world of the person seeing through the eyes of architecture, not as a built artifact, but as an organizational system. In other words, they do not perceive a tree as a trunk with leaves on top, but as a more complex entity, as a structural system, of subjection, of variability, and they perceive it with curiosity, with a desire to understand how different systems are structured and articulated.

MMX defines architecture as the result of how each component is put in its place. Coherence and geometry are the means to seek congruence between structure and program. The idea is to bring together every component through geometry, for everything to work both individually and as a whole. Their work reflects an understanding of architecture not so much as a building but as a system.

Estrategia Regional Jojutla, ERJ
Jojutla, México
2017

En los proyectos de espacio público y/o re-construcción de vivienda tras los sismos, nos dimos cuenta de que no existen los mecanismos para trabajar de forma adecuada, ya que se carece de coordinación para que las cosas se puedan hacer bien. Todo es muy improvisado y cada día se busca un nuevo camino.

We realized that proper working procedures are not in place for projects in public spaces and/or housing reconstructions after earthquakes. This is due to a lack of coordination required for a successful project. Everything is improvised and every day you have to find a new way forward.

Los dos sismos que agitaron el centro del territorio nacional en septiembre de 2017 causaron daños devastadores e irreparables, y exhibieron un sinfín de problemas y carencias, así como el olvido en el que sobreviven numerosas comunidades y buena parte de la infraestructura del país. Se hizo evidente la falta de mecanismos de prevención de riesgos y protocolos de acción ante emergencias. La ayuda profesional de los arquitectos fue ineficiente porque se improvisó o tuvo que superar laberintos burocráticos.

¿Es responsabilidad del pensamiento urbano-arquitectónico anticipar la emergencia?

La propuesta responde al reto desde una visión territorial, generando estrategias que trabajan desde una escala regional hasta una escala local.

The two earthquakes that shook central Mexico in September 2017 caused devastating and irreparable damage; they also laid bare the country's innumerable problems and shortages, as well as the abandonment of many communities and dilapidation of much of the country's infrastructure. The lack of risk-prevention mechanisms and emergency-response protocols also became apparent. Architects' professional help proved inefficient because it was improvised and faced all manner of bureaucratic hurdles.

Should urban designers / architects be responsible for giving consideration to emergency-preparedness?

The proposal responds to the challenge with a territorial vision, generating strategies that work from a regional to a local scale.

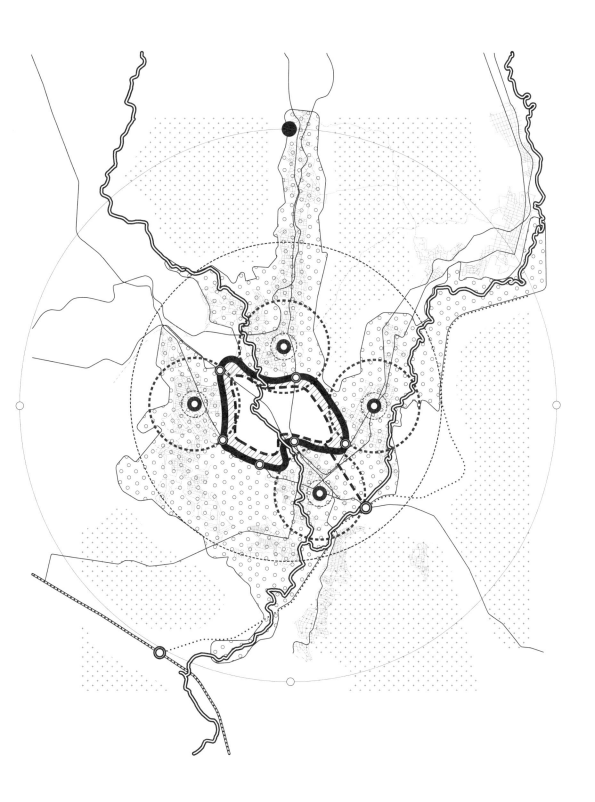

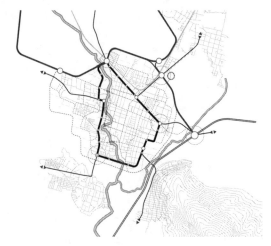

1.

2.

3.

1. Estrategia de movilidad: los anillos exteriores y libramientos interconectados reducen el tráfico intenso en los centros urbanos y dejan espacio a tipos alternativos de movilidad.

2. Estrategia de espacio abierto: recuperación del río como espacio rector de la ciudad. Se articula con la red existente de espacios abiertos.

3. Estrategia de densificación: mayor en zonas centrales y transición a baja y zonas de conservación en los bordes.

1. Mobility strategy: interconnected ring road; and bypasses calm the busy traffic in urban centers and leave room fo alternative modes of transport.

2. Open-space strategy: recovering the river as th city's central axis, connec ing it to the existing network of open spaces.

3. Densification strategy: higher density in central areas, shifting to a lower density and nature reserv at the peripheries.

La estrategia regional reúne una visión de varias escalas y se encamina a reforzar los vínculos entre las ciudades que conforman una región en el Norte del estado de Morelos. Jojutla se reconoce como cabecera de un sistema de asentamientos, que funcionan de forma conjunta para aumentar su resiliencia y estabilidad a largo plazo. Las estrategias no se centran sólo en reparar los daños causados por el sismo, sino a entender y atender la región de manera integral.

Ningún sismo deja inalterada la cotidianeidad de la sociedad y los espacios que agita. Aunque la vida continúa, siempre es necesario un periodo para reconstruir el equilibrio. Para la estrategia a escala local, lo primordial es ayudar a restaurar la vida pública e impulsar el restablecimiento emocional y social de las comunidades. Es imperante que en la arquitectura se piense y se potencien los lugares que conforman la riqueza ambiental y pública de los lugares: ríos, atrios, sitios de encuentro, plazas, etc.

The regional strategy idea brings together a vision on various scales and is aimed at strengthening links between towns that form a region in the north of Morelos state. Jojutla is recognized as the center of one group of settlements, which operate in conjunction to boost their long-term resilience and stability. Strategies are not solely focused on repairing the earthquake damage but on understanding and addressing regional issues more comprehensively.

Earthquakes invariably alter society's daily routines and spaces. Although life goes on, time is always needed to rebalance. Most importantly for the local-scale strategy, public life needs to be restored and communities need to settle back down emotionally and socially. Architecture must consider and empower places of environmental and public value: rivers, public foyers, meeting places, plazas, etc.

▨ Equipamiento propuesto	══ Propuestas principales	
Proposed amenities	Proposed main roads	
▨ Plazas, parques y jardines	══ Propuestas secundarias	E Escuelas
Plazas, parks & gardens	Proposed secondary roads	Schools
▨ Mejor densificación	══ Vías existentes	I Iglesias
Higher densification	Existing roads	Churches
Manzanas existentes	↻ Anillo de contención	S Salud
Existing blocks	Containment pond	Health clinics
Propuesta de manzanas	● Central de camiones	P1 Edificios de interés
Proposed blocks	Bus station	Buildings of interest
＼ Río	◎ Nodos primarios	A Patrimonio
River	Primary nodes	Heritage site
⋯⋯ Calles arboladas	○ Nodos secundarios	C Comercio
Tree-lined streets	Secondary nodes	Retail
⊞ Vía de tren	∘ Paradas de transporte público	N Equipamientos en zonas de crecimiento
Railroad	Public transport stops	Amenities in growth areas

Plan Río Medellín, PRM
Medellín, Colombia
2013

Medellín debió crecer en coherencia con el río y la topografía del valle por el que transcurre. Con el paso del tiempo, las riberas se ocuparon de manera improvisada por la población atraída por la ciudad y el cauce quedó flanqueado por industria pesada que contamina la corriente y la excluye de la dinámica urbana. El Medellín contemporáneo ha emprendido un proceso extraordinario de transformación que reclama repensar la relación entre el río y la ciudad.

¿Cómo recuperar las posibilidades espaciales y ecológicas del río Medellín e integrarlo a la transformación de la ciudad?

La propuesta incluye una serie de intervenciones puntuales en los espacios que acompañan el río para producir secuencias espaciales y de usos. Más allá de acciones precisas, la propuesta nace de una lectura transversal en la que se reconoce la urgencia de fomentar la convivencia entre el medio y la ciudad. Se busca que las cañadas y escurrimientos que no han sido invadidos lleguen al río y lo crucen, de modo que la ciudad no interrumpa el ecosistema y ambos conquisten su permanencia.

Medellín should have grown along the river and in coherence with the topography of the valley through which it flows. Over time, the river banks have been occupied on an ad-hoc basis by people moving to the city, and the banks are lined by heavy industry that pollutes the water and cuts off access to the river. Modern-day Medellín has embarked on an extraordinary transformation process that calls for a new connection between the river and the city.

How can the Río Medellín's spatial and ecological possibilities be recovered in order to make it part of the city's transformation?

The design includes a series of interventions along the banks of the river to produce a sequence of spaces and uses. Beyond specific measures, the idea is based on an overall understanding of the urgent need to stimulate a healthier relationship between the city and its natural surroundings. The idea is to allow the ravines and run-offs that have not been compromised to reach the river and cross it, preventing the city from interrupting the ecosystem and that both can successfully coexist.

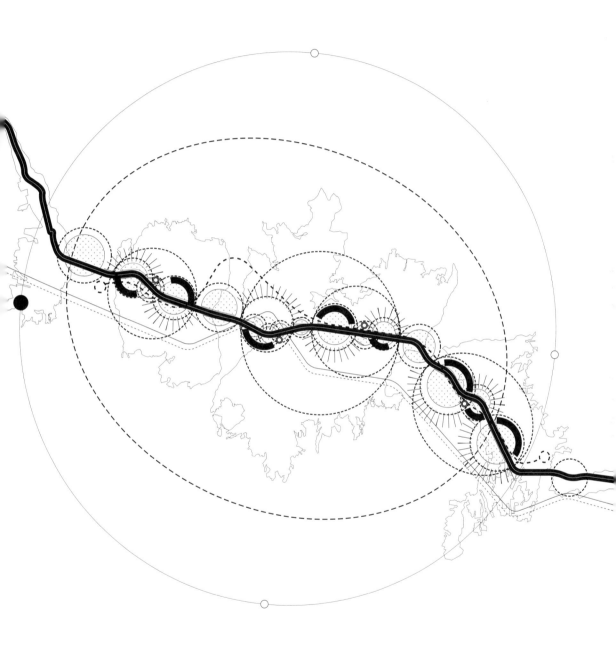

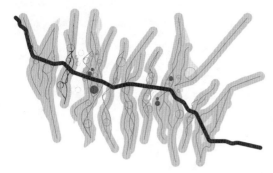

1.

2.

3.

1. Corredores naturales
   transversales, existentes
   y propuestos.
2. Propuesta de trayectorias
   nuevas de tránsito
   vehicular y férreo permiten
   recuperar el frente de agua.
3. Secuencia de células
   urbanas que articulan el
   río con los corredores
   naturales, las actividades y
   espacio públicos, y las
   condiciones cambiantes de
   la ciudad a lo largo del
   flujo de agua.

1. Natural cross-cutting
   corridors, existing and
   proposed.
2. New routes suggested for
   vehicular and rail traffic
   recover the waterfront.
3. Sequence of urban cells
   that connect the river to
   natural corridors, activit
   and public space, and th
   shifting aspect of the cit
   along the river.

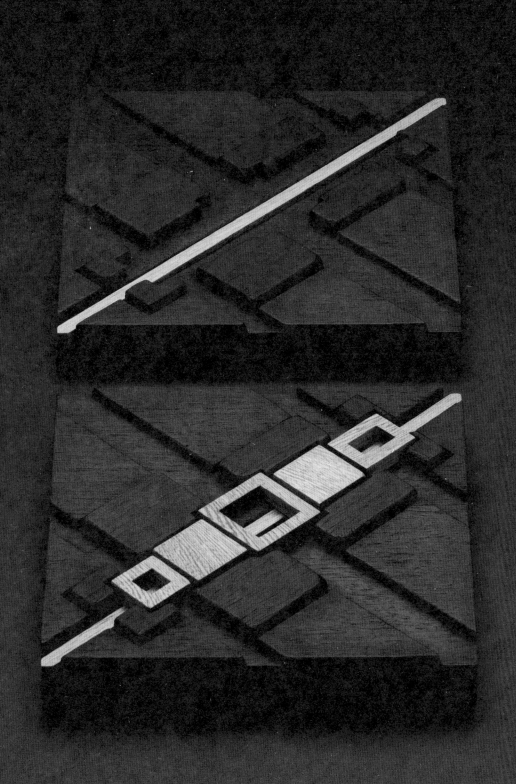

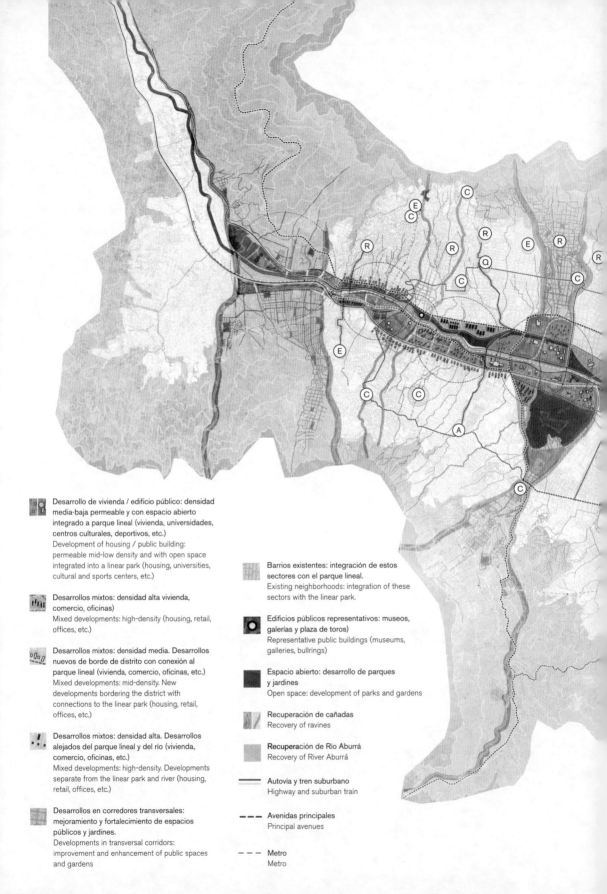

Desarrollo de vivienda / edificio público: densidad media-baja permeable y con espacio abierto integrado a parque lineal (vivienda, universidades, centros culturales, deportivos, etc.)
Development of housing / public building: permeable mid-low density and with open space integrated into a linear park (housing, universities, cultural and sports centers, etc.)

Desarrollos mixtos: densidad alta vivienda, comercio, oficinas)
Mixed developments: high-density (housing, retail, offices, etc.)

Desarrollos mixtos: densidad media. Desarrollos nuevos de borde de distrito con conexión al parque lineal (vivienda, comercio, oficinas, etc.)
Mixed developments: mid-density. New developments bordering the district with connections to the linear park (housing, retail, offices, etc.)

Desarrollos mixtos: densidad alta. Desarrollos alejados del parque lineal y del río (vivienda, comercio, oficinas, etc.)
Mixed developments: high-density. Developments separate from the linear park and river (housing, retail, offices, etc.)

Desarrollos en corredores transversales: mejoramiento y fortalecimiento de espacios públicos y jardines.
Developments in transversal corridors: improvement and enhancement of public spaces and gardens

Barrios existentes: integración de estos sectores con el parque lineal.
Existing neighborhoods: integration of these sectors with the linear park.

Edificios públicos representativos: museos, galerías y plaza de toros)
Representative public buildings (museums, galleries, bullrings)

Espacio abierto: desarrollo de parques y jardines
Open space: development of parks and gardens

Recuperación de cañadas
Recovery of ravines

Recuperación de Río Aburrá
Recovery of River Aburrá

Autovía y tren suburbano
Highway and suburban train

Avenidas principales
Principal avenues

Metro
Metro

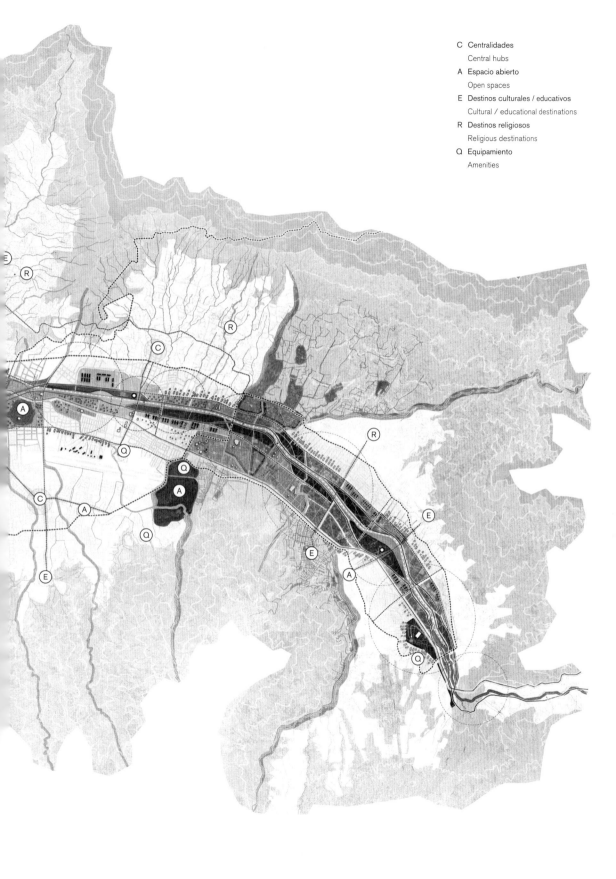

C Centralidades
    Central hubs
A Espacio abierto
    Open spaces
E Destinos culturales / educativos
    Cultural / educational destinations
R Destinos religiosos
    Religious destinations
Q Equipamiento
    Amenities

La arquitectura como trabajo de síntesis

¿Cómo se empieza un proyecto arquitectónico? Hay quienes, ante el abismo que implica crear obras nuevas constantemente, no comienzan con una hoja en blanco sino traslapan ideas previas para nutrir cada nueva hazaña con años de trabajo acumulados. Para otros, emprender un proyecto es la oportunidad para ver con nuevos ojos, como si no existiera nada de lo realizado antes. Esto es más complejo para los autores que trabajan de manera colaborativa y tienen que lidiar no sólo con sus propios deseos, sino con una mezcla infinita de puntos de vista, muchas veces contradictorios y difíciles de resolver en el tiempo definido por las realidades cotidianas. Los miembros de MMX intentan no sólo hacer proyectos con ideas nuevas, sino hallar fórmulas que les permitan aproximarse de manera más congruente a cada encargo. Su trabajo se define en ese espacio intermedio que sucede entre lo nuevo y lo sistemático; entre la reformulación constante y el método eficiente. Este libro refleja su deseo de crear, por un lado, una obra singular, y por el otro, un recorrido de obras encadenadas que se comunican entre sí.

En su oficina, cada proyecto pasa por un proceso de selección, como si fuera una especie de concurso interno. Elegir el nombre del equipo les llevó seis meses y cambian con frecuencia el color de la puerta del despacho. Diseñar a ocho manos, más las del equipo de colaboradores, es definir los métodos para establecer acuerdos y respuestas fundamentadas. El reto está en no trabajar como si fueran cuatro pequeñas oficinas, sino un equipo integral. Esto ha implicado enfocar su trabajo como una labor de síntesis: comunicación clara y proyectos concisos. Objetivar las distintas voluntades les ha llevado a convertir el proceso creativo en un método, y a manifestar en los proyectos una fuerza legible. Para MMX el valor de estar juntos radica en discutir los proyectos en grupo y lograr una densidad de ideas que quepa dentro de formas sencillas; que la solución aparezca simple en el más complejo de los ejercicios y emplazamientos.

En este sentido, MMX construye un mundo en orden, razonado. Dan a sus proyectos una dimensión geométrica como una manera de domesticar la arquitectura, una medida contra su aterradora infinitud. Su trabajo consiste en articular y fundamentar. Se inscribe de manera clara en la siguiente descripción del arquitecto finlandés Juhani Pallasmaa: "el arquitecto articula el encuentro entre el mundo y la mente humana".[1] Es decir, hacen coincidir formas, espacios e ideas, conectan entornos y personas. Crean geometrías simples en las que se desenvuelven espacios inesperados: vistas que se fugan, terrazas que se escapan.

Su obra manifiesta un interés por vincular volúmenes, paisajes y discursos. Sus ideas aparecen bajo el resguardo de una contundencia formal que sustenta de manera sólida las decisiones, como lo reflejan las maquetas, pero sus discursos se vuelven más elocuentes en los diagramas, en los cuales los espacios se extienden hacia direcciones distintas y se vuelven impredecibles. En sus dibujos traslapan ideas complejas y líneas finas; ahí converge toda su labor de depuración. En ellos se refleja la importancia de las articulaciones, el conjunto de líneas dinámicas que es imposible ver en las abstracciones volumétricas, como los desplazamientos que ocurren en el interior y la manera en que se establecen las transiciones entre espacios y paisajes. Mientras las maquetas exaltan una simplificación formal de los proyectos que los conecta entre sí y los desprende de toda su riqueza espacial, los diagramas concentran las diversas fuerzas que hacen de su obra no algo simple, sino especial y subjetivo.

1
Juhani Pallasmaa, *Habitar*, Gustavo Gili, Barcelona, 2016, p. 91.

How do we embark on an architectural project? Some architects, when faced with the yawning chasm created by the need to constantly come up with new works, do not begin with an empty page but rather overlap previous ideas to feed into each new endeavor based on years of accumulated work. For others, embarking on a new commission is a chance to see with fresh eyes, as if all previous works have simply disappeared from view. This is trickier for architects working collaboratively; not only do they need to work within the constraints of their own desires, but they must also deal with countless other perspectives, often contradictory and difficult to resolve in the timeframes defined by daily realities. MMX's partners not only try to create projects with new ideas but also to find formulas that permit a more consistent approach to each commission. Their work is defined precisely in that middle ground between the new and the systematic; between constant reformulation and the efficient method. This book reflects their desire, to create a unique work on the one hand, and a series of interlinked, communicating works on the other.

Every project passes through their studio in a kind of internal competition, as part of a selection and qualification process. Just choosing the name MMX took the team six months and they frequently change the color of their studio's door depending on the views of each team member. Designing with four pairs of hands, in addition to those of the team of collaborators, implies defining methods to reach solid agreements and solutions. The challenge for them is to avoid working as if they were four small architecture studios but instead as an integral team. This has meant focusing on their work as a synthetic process: clear communication and concise projects. Giving objectivity to different tendencies and reaching a consensus has led them to turn the creative process into a method, and to express an easily-legible strength in their projects. For MMX, the value of working together lies in the joint discussions about projects and in achieving a density of ideas that can fit into simple forms; that the solution can appear simple even in the most complex exercises and locations.

In this regard, MMX builds a well-ordered and logical world. The geometrical dimension they give their projects is a way of domesticating architecture, a way of combating its terrifying infinity. Their work consists of articulating and laying down basic principles. They clearly meet the definition set out by the Finnish architect Juhani Pallasmaa: "the architect articulates the encounter between the world and the human mind."[1] In other words, they merge forms, spaces and ideas; they connect surroundings and people; they create simple geometries where unexpected spaces can be developed: disappearing viewpoints, vanishing terraces.

Their work reveals an interest in articulating the encounter between volumes, landscapes and discourses. Their ideals are safeguarded by a formal power that provides a solid basis for their decisions, as reflected in their models, but it is in their diagrams where their discourses achieve their most eloquent form: where spaces stretch out in different directions and become unpredictable. Their drawings create overlaps between complex ideas and fine lines; this is where all their work to refine their ideals comes to the fore. Here the importance of the points of connection is reflected, the set of dynamic lines that are invisible in volumetric abstractions, like internal shifts and the way in which they create transitions between spaces and landscapes. While the models promote a formal simplification of projects that connect them and detach them from all of their spatial richness, diagrams concentrate the various forces that make their work not something simple but something special and subjective.

1

Juhani Pallasmaa, *Habitar*, Gustavo Gili, Barcelona, 2016, p. 91.